LEBEN IN DEN NIEDERLANDEN

interconnections

LEBEN IN DEN NIEDERLANDEN

Wohnen, Arbeiten und Studieren

Stefanie Geisen

interconnections

Zur Autorin

Stefanie Geisen stammt aus dem niedersächsischen Nordhorn an der niederländischen Grenze. Nach einem Au Pair Jahr in Spanien und einer anschließenden Ausbildung zur Fachinformatikerin arbeitete sie zunächst einige Jahre in Hamburg, bevor sie sich zu einem weiterführenden Studium in den Niederlanden entschied. Hier erlebte sie nicht nur eine unkomplizierte und trotzdem lehrreiche Zeit in Groningen, sondern konnte auch hautnah erfahren, wie unterschiedlich unser Nachbarvölkchen trotz der geographischen Nähe im Alltag sein kann.
Zur Zeit macht sie in Saarbrücken ihren Masterabschluss im Studiengang Bioinformatik.

Anmerkung
Ähnliche Titel bei http://interconnections-verlag.de

Erhältlich über interconnections-verlag.de, > Shop, Jobs oder im Buchhandel

Impressum
Reihe Jobs, Praktika, Studium Bd 66

Leben in den Niederlanden
Wohnen, Arbeiten und Studieren
Stefanie Geisen
Umschlagfotos: Fotolia

Verlag interconnections, Schillerstr. 44
79102 Freiburg, T. 0761-700 650, F. 700 688
info@interconnections.de, www.interconnections.de
2015
ISBN: 978-3-86040-222-1

Jobhopping Down Under

Jobs, Praktika, Working Holiday - Australien

Working Holiday Australien auf eigene Faust. Jobs, Unterkünfte, Informationsquellen, Autokauf.
1000 Tipps und gute Adressen.
Ein Reisesparbuch für jeden Reisenden!

ISBN: 978-3-86040-228-3
256 S.

Erhältlich über interconnections.de, > Shop, Jobs oder im Buchhandel

Mit Dutt und Highheels - Abenteuer Stewardess
Höhenflüge, Turbulenzen, Weltspaziergänge

Ein Traumberufe vieler Frauen und Mädchen.
Aber wie kommt man dahin, und was steckt dahinter? Wie sieht der Alltag aus und wie vertragen sich Arbeit und Privatleben?
Die Autorin hat sich mit Leib und Seele ihrem Beruf verschrieben und nimmt alle, die ihren Traum verwirklichen wollen auf den großen Flug ins Abenteuer mit..

ISBN: 978-3-86040-207-8, Tb. 224 S.
Preis: € 15,90

Erhältlich über interconnections-verlag.de, > Shop, Jobs oder im Buchhandel

Inhaltsverzeichnis

Vorwort

Regelmäßig zieht es Deutsche, Österreicher oder Schweizer für kurz oder lang in die Niederlande. Die Wirtschaft läuft dort gut, die Rente scheint gesichert. Es ist nicht so weit zu Familie und Freunden nach Hause. Auch ein Studium hier ist beliebter denn je – fast ein Fünftel aller Auslandsstudenten wählt die Niederlande.
Kein Wunder: 30 Stunden Arbeitswochen für Frauen mit Kindern, Studiengänge mit kleinen Klassen und viel Praxis, bei denen einen der Dozent persönlich kennt und duzt, die Nähe zum Heimatland, sowie gute Karriereaussichten in vielen Branchen machen die Niederlande zu einem attraktiven Auswanderungsland.

Ob es Zufall war, dass ich mich für ein Studium in den Niederlanden entschieden habe? Oder doch eher die Vorahnung, mich in dem Land mit den viertglücklichsten Einwohnern der Welt (Deutschland ist nicht mal unter den Top 10) pudelwohl fühlen würde? Wie auch immer – jedenfalls lebt es sich dort wunderbar, und für alle, die den Schritt noch vor sich haben – sei es vorübergehend oder für länger – habe ich eine Reihe an Tipps zusammengefasst, sodass den gewissenhaften Leser eigentlich nichts mehr schockieren dürfte.
Über zwei Jahre habe ich in den Niederlanden gewohnt und studiert und mir einen niederländischen Freund geangelt, der mir mit unendlicher Geduld immer wieder erklärt ("auslegt") hat, warum dies und jenes so ist, wie es ist. Und wären da nicht die fast unbezahlbaren Mieten und mein Praktikum in Spanien, so wäre ich gar nicht mehr weggegangen. Aber ich kehre sicher wieder, denn hat man das Land einmal gut kennengelernt, so kann man von den Niederlanden gar nicht genug bekommen.

Eine große Bitte habe ich noch an all meine Leser:
Schickt mir all Euer Feedback an niederlande@stefaniegeisen.de
Was hat Euch gefallen? Was nicht so? Was stimmt Eurer Meinung nach nicht? Was wäre noch zu ergänzen? Wer kann eigene Erfahrungen beisteuern, die das Buch bereichern könnten?

Einen herzlichen Dank an jeden einzelnen Leser und ich hoffe, dass dieses Buch gleichzeitig bereichert und erheitert.
En nu heel veel plezier bij het lezen!

Stefanie Geisen

LAND UND LEUTE

Einführung

Im Königreich Niederlande wohnen fast 17 Millionen Menschen auf einer Fläche von etwas über 41.000 km^2. Um sich hier zurechtzufinden, habe ich einige nützliche Tipps im nun folgenden Kapitel zusammengefasst.
Mit einer Arbeitslosigkeit von 6,7% im Juli 2014 liegt die Arbeitslosenquote im fünfgrößten Exportland der Welt momentan etwas über der von Deutschland (4,9%), Österreich (4,9%) und der Schweiz (2,9%). Trotzdem sind die Niederlande ein beliebtes Land bei deutschsprachigen Auswanderern, Urlaubern und besonders Studenten – gerade aus dem deutsch-niederländischen Grenzgebiet.
Unser Nachbarland genießt den Ruf, besonders tolerant, freundlich und locker zu sein. Auch die Möglichkeit, sich größtenteils auch auf Englisch und teilweise sogar Deutsch verständigen zu können, sowie interessante berufliche Perspektiven und die Nähe zur Heimat machen das Land für rund 25.750 deutsche Studenten und insgesamt etwa 370.000 Deutsche zu einem beliebten Ziel für kurze oder dauerhafte Aufenthalte. Andersherum ist für die Niederländer Deutschland das Urlaubsland Nummer Eins, wobei sie entgegen landläufiger Vorurteile häufiger in Hotels als in ihren Wohnwagen übernachten.

Seit 1848 ist die Niederlande eine konstitutionelle Monarchie mit parlamentarischem Regierungssystem. Aber nicht nur das Königshaus, sondern auch der Kampf gegen das Wasser, ehemalige Kolonien und eine erlebnisreiche Vergangenheit prägten die niederländische Kultur. Und zwar so entscheidend, dass der Umgang mit unseren auf den ersten Blick so ähnlichen Nachbarn, gerade im Studenten- und Berufsleben, doch noch die ein oder andere unerwartete Überraschung für uns bereithalten kann.

„Gott erschuf die Welt, aber die Holländer erschufen Holland". Was es mit diesem niederländischen Sprichwort auf sich hat, und vieles mehr, wird in den kommenden Abschnitten erläutert.

Mehr als ein Viertel des Landes liegt unter dem Meeresspiegel. Die größten „Berge" sind eigentlich bis zu 323 Meter hohe Hügel und in der Provinz Limburg zu finden (Ausläufer der Ardennen).
Auch wenn Amsterdam die Hauptstadt ist, so liegt der Regierungssitz in Den Haag. In der Randstad, dem Raum bestehend aus Amsterdam, Den Haag, Rotterdam und Utrecht, wohnen über 40% der Gesamtbevölkerung.

Provinzen

Im Grenzgebiet ist die Zusammenarbeit zwischen den Niederlanden und Deutschland besonders groß; hier bestehen fünf sogenannte Euregios – freiwillige Zusammenschlüsse von öffentlich-rechtlichen Organen. Hierbei arbeiten besonders Gebietskörperschaften, teilweise auch Handelskammern zusammen. Auch die Sicherheit – Polizei, Drogenbekämpfung, Rettungsdienste etc. – kooperieren immer mehr. Hier ein Internetportal mit vielen Infos zur grenzüberschreitenden Zusammenarbeit zu finden: grenzpendler.nrw.de

Geschichte

Die Geschichte ist stark verbunden mit der deutschen Geschichte. Hier der Anfang der Nationalhymne:

„Wilhelmus van Nassouwe ben ik,
van Duitsen bloed,
den vaderland getrouwe
blijf ik tot in den dood."

Also auf Deutsch:

„Wilhelm von Nassau bin ich
von deutschem Blut",
dem Vaterland getreu
bleib ich bis in den Tod

Zu ihrem große Leidwesen nennen die Engländer sie obendrein „Deutsche", „Dutch". Eine Schande!

An dieser Stelle kann und soll selbstverständlich nicht die gesamte Geschichte wiedergegeben werden. Wer sich dafür interessiert, dem sei das Buch „Geschichte der Niederlande – Von der Seemacht zum Trendland" von Christoph Driessen ans Herz gelegt. Hier nach einer kurzen Übersicht der wichtigsten geschichtlichen Ereignisse einige prägende Geschehnisse der letzten paar Jahrhunderte:

- 1568: Beginn des Aufstands gegen die spanische Herrschaft
- 1579: Sieben Provinzen vereinigen sich zur Republik (der Niederlande)
- 1581: Lossagung vom Hause Habsburg (damit unabhängig von Spanien)
- 1634: Eroberung der Karibikinsel Curaçao mit anschließendem Ausbau der Westindien-Kompanie zum Zentrum des karibischen Sklavenhandels bis 1863
- 1648: Westfälischer Frieden (Unabhängigkeit vom „Heiligen Römischen Reich deutscher Nation"). Die Antillen werden Kolonie
- 1673. Durch Erbfälle entsteht das Haus Oranien-Nassau. Claudine von Chalon bringt Engelbert II. von Nassau das Fürstentum Oranien im Rhonetal mit in die Ehe.Nach dem Vertrag von Nimwegen 1673 wird der Stützpunkt Orange im Rhonetal aufgegeben, aber das Herrscherhaus behält den Titel »Prinzen von Oranien« bei.
- 1795: Französischer Vasallenstaat (Batavische Republik)
- 1813: Erneute Unabhängigkeit der Niederlande
- 1815: Wilhelm I König der Vereinigten Niederlande (einschl. Belgiens)
- 1830: Abtrennung der südlichen Provinzen (Entstehung von Belgien)
- 1914-18: Im Ersten Weltkrieg neutral
- 1940 (10.05.) Deutscher Einmarsch – Besetzung bis 1945
- 1945 (05.05.) Waffenstillstand und vollständige Befreiung des Landes. Der fünfte Mai wird auch heute noch als Tag der Befreiuung von den Deutschen gefeiert.
- 1948: Unabhängigkeit Indonesiens; West-Neuguinea bleibt bis 1962 niederländisch
- 1948: Minimale Grenzkorrekturen zwischen den Niederlanden und der Bundesrepublik Deutschland im Raum Elten und Tüddern zugunsten der Niederlande; insgesamt 69 qkm
- 1949: Gründungsmitglied der NATO
- 1952: Gründungsmitglied der EGKS (Europäische Gemeinschaft für Kohle und Stahl)
- 1953: Große Sturmflutkatastrophe, Überschwemmungen auf den Inseln Zeelands und Hollands
- 1954: Verkündung des Statuts für das Königreich der Niederlande: Suriname und Niederländische Antillen werden gleichberechtigte Partner der Niederlande im Reichsverband
- 1957: Die Niederlande sind Gründungsmitglied der EWG
- 1975: Unabhängigkeit von Suriname

- 1980: "Taalunie"-Vertrag mit Belgien: Neue, gemeinsam finanzierte Institution zur Beförderung der niederländischen (flämischen)
- Sprache; Koordinierung von Rechtschreibreformen etc.
- 1980: Beatrix wird Königin nach Abdankung ihrer Mutter Juliana
- 1982: "Akkoord van 1982" (Abkommen von Wassenaar): Grundlegende Veränderungen in Einkommens-, Arbeits-, Sozialpoli-tik.Weitgehende Tarifautonomie. Begründung des sog. "Poldermodel". (Immer neu zu suchender Konsens zwischen Regierung und Tarifparteien soll Wirtschaftsreform fördern und Arbeitnehmer sozial absichern durch u.a. Lohnmässigung und Flexibilität der Arbeit sowie Entgegenkommen der Wirtschaft in sozialen Fragen)
- 1983: Verkündung "Nieuwe Grondwet" (neue Verfassung, ohne grundlegende institutionelle Änderungen)
- 1983: Senkung des aktiven und passiven Wahlalters auf 18 Jahre
- 1986: Aufspaltung der Antillen in Aruba und Rest-Antillen (Reichsverband bleibt bestehen)
- 1994: Erstes Kabinett Kok: Regierungskoalition aus PvdA, D66 und VVD (Sozialdemokraten, Linksliberale und Rechtsliberale).
- Erste Regierung ohne Beteiligung einer konfessionellen Partei. Christdemokraten nach fast 80 Jahren ununterbrochener Regierungsbeteiligung erstmals in Opposition.
- 2002 (06.05.) Ermordung des populistischen Politikers Pim Fortuyn, dessen Protestpartei LPF in den Wahlen zur Zweiten Kammer vom 15.05. Zahlreiche Sitze erringt und danach Mitglied der Koalitionsregierung aus CDA und VVD wird (Kabinett Balken-
- ende I)
- 2003 (22.01.) Nach innerparteilichen Querelen in der LPF Bruch der Koalition, Neuwahlen bringen Gewinne der Altparteien und erhebliche Verluste für LPF. Neue Koalitionsregierung (Balkenende II) mit CDA, VVD, D66
- 2004 (01.01.) Niederländischer Aussenminister de Hoop Scheffer wird NATO-Generalsekretär
- 2004: Niederlande übernehmen EU-Vorsitz

Quelle: Auswärtiges Amt DE

Hünengräber (hunebedden), heute noch z.B. in der Provinz Drenthe zu besichtigen, lassen auf eine Besiedlung des Landes bereits in der Eiszeit schließen. Das Schmelzen der Gletscher ließ ein sumpfiges Land zurück, damals noch etwa ein Drittel kleiner als heute. Der Rest war noch nicht künstlich entwässert.

Etwa 50 v. Chr. wurde das Land von den Römern erobert und mit dem Untergang des römischen Reiches nach und nach von den Franken übernommen, die auch das Christentum verbreiteten. 1581 gründeten dann sieben Provinzen zusammen die „Republik der Sieben Vereinigten Provinzen“ (Vereinigte Niederlande) und erkämpften im 80-jährigen Krieg bis 1648 (Westfälischer Frieden) die Unabhängigkeit von Spanien. Ein südlicher Teil der damaligen Niederlande blieb jedoch bei Spanien und wurde später zu Belgien. Wilhelm von Oranien (Willem van Oranje) spielte beim Unabhängigkeitskampf als Fürst eine wichtige Rolle.

Trotz einiger Kriege um die Herrschaft über die Niederlande, an denen vor allem England und Frankreich beteiligt waren, ließ das Goldene Zeitalter im 17. Jahrhundert die Republik zu einer der stärksten Handelsnation aufblühen. Zahlreiche Kaufleute vertrieben die kostbaren Gewürze aus den Kolonien. Das heutige New York, „Nieuw Amsterdam“, war auch zu dieser Zeit, von 1624 bis 1664, Teil der niederländischen Kolonie „Nieuw Nederland“. Als Kolonialherren gingen die Niederlande hierbei nicht gerade zimperlich mit ihren eroberten Ländereien um, beuteten die Bevölkerung unter Gewaltandrohung aus und transportieren in zweieinhalb Jahrhunderten etwa eine halbe Millionen Afrikaner als Sklaven in ihre lateinamerikanischen und karibischen Kolonien.

Ende des 18. Jahrhunderts begann im Volk eine Bewegung, die nach mehr Volksmacht und weniger Feudalmacht strebte. Als eines der ersten Länder erkannten die Niederlande die Vereinigten Staaten von Amerika an, was die Macht der Engländer bedrohte und diesen somit selbstverständlich missfiel. Sie erklärten den Niederlanden den (vierten) Krieg, der von 1780-1784 andauerte und mit Hilfe der Franzosen (die ihrerseits Probleme mit England hatten) und hohen Verlusten seitens der Niederlande beendet werden konnte.

Es blieb nicht lange ruhig; zu Zeiten der Französischen Revolution eroberte Napoleon das Land und vereinigte sie hierbei mit Teilen Norddeutschlands zum „Königreich Holland“ (1806-1810).

Preußen und Russland besiegten Napoleon, und 1814-1815 erfolgte die Gründung des „Königreich(es) der Vereinigten Niederlande“ unter König Wilhelm (Wilhelm Friedrich Prinz von Oranien-Nassau), bei dem Norden und Süden des Landes wiedervereint wurden. Auch die zuvor an England abgetretenen Kolonien (Niederländisch Indien) wurden im Rahmen des Wiener Kongresses an die Niederlande zurückgegeben.

Erst Ende des 19. Jahrhunderts wurde aus der Handelsnation eine Industrienation. Im Gegensatz zu anderen europäischen Ländern, die im 20. Jahrhundert politisch instabil waren, waren die Niederlande fast frei von extremistischen Tendenzen. Hier vollzog sich eher ein langsamer politischer und kultureller Wandel.

Sowohl im I. als auch im II. Weltkrieg versuchte das Land neutral zu bleiben. Im Ersten Weltkrieg blieb es von Kämpfen relativ verschont, litt jedoch unter Lebensmittelknappheit. Im Zweiten Weltkrieg wurde es trotz neutraler Haltung nicht nur von der Wehrmacht angegriffen und besetzt, sondern Rotterdam wurde selbst während laufender Kapitulationsverhandlungen noch zerstört, wobei unzählige Einwohner den Tod fanden. Vor allem diese Zeit ist es, die das Bild der

Niederländer von den Deutschen so negativ geprägt hat, dass es bei einigen noch bis heute zu spüren ist.

Der Anteil der freiwilligen SS-Leute war bei den Holländern bei Weitem der höchste von allen besetzten Gebieten, von Österreich einmal abgesehen. Etwa vier Prozent Widerständlern standen ebenso viele Kollaborateure gegenüber, während die große Mehrheit schlicht gleichgültig gewesen war. Nach Kriegsende waren 450.000 Kollaborateure erfasst, verurteilt wurden 50.000 vor Sondergerichten. Die 30.000 SS-Leuten verloren ihre Staatsangehörigkeit, so dass sie als Staatenlose im eigenen Lande lebten oder noch leben. Das KZ Westerburg entstand unter der Fuchtel holländischer Behörden; 100.000 Juden durchliefen es.

Traurige Berühmtheit erlangte Anne Frank, ein junges deutsches Mädchen, das sich im Zweiten Weltkrieg mit ihrer Familie in Amsterdam versteckte, um der Judenverfolgung zu entgehen. Obwohl sich die Familie äußerst vorsichtig verhielt, flog ihr Versteck auf, vermutlich durch den Verrat einer holländischen Nachbarin. Ihr Tagebuch wurde nach ihrem Tod im Konzentrationslager Bergen-Belsen von ihrem Vater Otto veröffentlicht.

Nach der zerstörenden Kriegszeit gelang dennoch ein schneller Wiederaufbau in den 1950er Jahren, und heute zählen die Niederlande zu einem der reichsten Länder Europas.

Im Laufe der Geschichte erfolgten immer wieder Wellen deutscher Auswanderer. Zwischen dem 16. und 19. Jahrhundert z.B. war es bei vielen jungen, unverheirateten Deutschen aus Niedersachsen und Westfalen üblich, sich als Saisonarbeiter in den Niederlande zu verdingen. Zwischen 1850 und 1900 zogen vor allem deutsche Händler durchs Nachbarland, um dort Waren zu verkaufen. Im Zweiten Weltkrieg, bzw. zwischen 1920 und 1940, wanderten fast 200.000 Frauen, größtenteils aus Deutschland, teilweise aber auch aus Österreich, der Tschechoslowakei und Jugoslawien, als Dienstboten in die Niederlande ein.

Kalvinistische Spielart des Protestantismus

Fragt man sich, was wohl für den größten Unterschied zwischen unserer und der niederländischen Kultur verantwortlich ist, kann man hier guten Gewissens den im 16. Jahrhundert aufkommenden Kalvinismus nennen, der zu der sogenannten kalvinistischen Bescheidenheit geführt hat.

Im 16. und 17. Jahrhundert drangen die Lehren des französischen Reformators Johannes Calvins (1509-1564), gerade im Unabhängigkeitskrieg gegen das katholische Spanien (1568-1648) zu den vorher vor allem römisch katholischen Niederländern durch. Es bildeten sich reformierte Richtungen aus – heute noch verbunden als „Protestantse Kerk in Nederland".

Laut dem Kalvinismus durfte die unbedingte Heiligkeit Gottes nicht in Frage gestellt werden, und die Macht einer Einzelperson sei eine Beleidigung Gottes, jedoch ging im Laufe der Jahrhunderte der religiöse Hintergrund weitgehend verloren. Besonders hervorzuheben ist die gebliebene Einstellung, andere bloß nicht übertrumpfen zu wollen. Sprüche wie „Doe gewoon, dan doe je al gek genoeg“ (Tu normal, dann bist du schon verrückt genug) oder „Steek je kop niet boven het maaiveld“ (Steck den Kopf nicht aus dem Mähfeld heraus) halten dazu an, bescheiden, unauffällig und zurückhaltend zu bleiben. Titel werden auch heutzutage noch selten öffentlich benutzt und auch Fachausdrücke sind im Arbeits- und Studienalltag weniger gebräuchlich als bei uns. Viele Niederländer sind besonders sparsam und jeder Verschwendung abgeneigt, so dass man kaum jemanden mit teuren Autos protzen sieht.

Seit der zweiten Hälfte des 20. Jahrhundert verließen immer mehr Gläubige die Kirche – mittlerweile bilden Atheisten mit fast 50 Prozent den größten Bevölkerungsteil. Katholiken machen immerhin noch etwa 30%, Protestanten nur noch 15% aus.

Da übrigens keine Kirchensteuer oder sonstige staatliche Förderung der Religionsgemeinschaften existieren, müssen sich diese ausschließlich durch Spendengelder finanzieren.

Gesetze

Im März 1814 trat das Grundgesetz des Königreichs der Niederlande in Kraft. Das zweihundertjährige Bestehen des niederländischen Königreiches wurde im August 2014 gefeiert. Der Grundsatz von Treu und Glauben (redelijkheid en billijkheid) hinterlässt viel stärker als bei uns seine Spuren im gesamten niederländischen Rechtssystem und zeigt sich z.B. dadurch, dass in Anklagen häufiger Einzelfallgerechtigkeit betrachtet wird, während man im deutschen System eher versucht, Fälle in eine Systematik einzuordnen.

Auch Verstöße werden häufiger geduldet (gedoogd), wenn der Aufwand zur Aufklärung und Verurteilung unverhältnismäßig hoch wäre. Was einem beim ersten Kontakt mit der Steuerbehörde (belastingdienst) auch auffallen wird: Hierbei handelt es sich eher um einen Dienstleistungsverein, der einen bei Fragen rund um die Lohnsteuer auch berät (online, telefonisch oder persönlich, sofern gewünscht).

Einreise

Wie auch bei anderen europäischen Ländern ist für die Einreise in die Niederlande selbst nur ein gültiger Personalausweis oder Reisepass notwendig. Anders sieht es aus, wenn man in die autonomen Gebiete Aruba, Curaçao, St. Maarten und in den karibischen Teil der Niederlande (Bonaire, St. Eustatius und Saba) einreisen möchte – hier wird ein Visum und ein Nachweis über ausreichende finanzielle Mittel benötigt.

Reist man mit Tieren ein, so ist ein EU-Heimtierausweis nötig. Dieser muss belegen, dass das Tier eine Tollwutimpfung besitzt. Vorlagen dieser Ausweise und Näheres dazu auf http://ec.europa.eu und www.bmelv.de (Bundesministerium für Verbraucherschutz, Ernährung und Landwirtschaft).
Die Webseite der niederländischen Botschaft in Berlin bietet umfassende Informationen zum Thema Einreise.

Drogen

Auch wenn man den Niederländern Lockerheit im Umgang mit Drogen nachsagt – gesetzlich sind sie erst einmal verboten! Die einzige Ausnahme ist der Verkauf von maximal fünf Gramm Cannabis (Marihuana / Haschisch) in Coffeeshops bzw. der Besitz von max. fünf Gramm zum Eigenverbrauch. Handeln, verkaufen, "produzieren" von Cannabis und natürlich auch von harten Drogen sind ansonsten strafbar.

Es ist nicht jedem Ausländer bekannt, also ist es sicher nützlich, es nochmal ausdrücklich zu erwähnen: Alkohol in der Öffentlichkeit zu trinken ist verboten. Im Cafe, zu Hause, in Diskotheken, Restaurants etc. ist es natürlich kein Problem, aber wer mit einer Dose Bier über die Straße läuft, kann von der Polizei angehalten werden (auch wenn sie im Stadtpark evtl. mal ein Auge zudrücken) und muss dann eine Geldstrafe von 50€ berappen. Jugendliche unter 16 Jahren dürfen keinen Alkohol mitführen – die Strafe liegt dann bei 45€.
Der Verkauf jeglichen Alkohols ist übrigens auf eine Altersgrenze von 18 Jahren statt wie bisher 16 Jahren bei Bier, Wein etc. angehoben worden.

Im Rahmen des Waffengesetzes ist das Mitführen und auch der Gebrauch von Pfefferspray, Tränengas und CO-2-Gas unter Geldbußen oder sogar Freiheitsstrafe verboten.
Es gilt wie bei uns eine Ausweispflicht, nach der alle ab 14 Jahren stets einen gültigen Ausweis mitführen müssen.

Impfungen und Krankheit

Es gelten keine gesonderten Impfvorschriften. Anders sieht es auf den bereits erwähnten Inseln Aruba, Curaçao, Sint Maarten, Bonaire, Sint Eustatius und Saba aus.

Reist man aus einem Gelbfieberepidemiegebiet ein, muss man gegen Gelbfieber geimpft sein (Ausnahme: Kinder unter 6 Monaten). Zudem wird vom Auswärtigen Amt empfohlen, die Standardimpfungen (s. Robert-Koch-Institut), also Tetanus, Keuchhusten, Diphterie, Polio, Mumps, Röteln, Masern etc. auf aktuellem Stand zu halten.

Ggf. fallen Zusatzimpfungen an wie z.B. gegen Hepatitis B, Hepatitis A, Tollwut und Typhus. Speziell bei einem Besuch in Aruba, Curaçao und Sint Maarten wird zudem eine Impfung gegen Meningokokken ACWY angeraten. Näheres auf www.dvka.de (Deutschen Verbindungsstelle Krankenversicherung Ausland, z.B. unter „Publikationen" -> Merkblätter „Urlaub im Ausland" / „Arbeiten im Ausland").

Erkrankt oder verletzt man sich bei vorübergehendem Aufenthalt (Ausnahme: die karibischen Gebiete der Niederlande) einmal, so besteht nach europäischem Gemeinschaftsrecht Anspruch auf Leistungen nach niederländischem Recht. Vor seiner Reise sollte man sich am besten von seiner Krankenkasse in der Heimat eine Europäische Versichertenkarte ausstellen lassen. Die eigene Krankenkasse kann einem hierzu weitere Auskünfte erteilen, zudem ist auch das Auswärtige Amt Ansprechpartner bei weiteren Fragen.

Auswärtiges Amt

Bürgerservice
Arbeitseinheit 040 , D-11013 Berlin
Tel.: +49 30 1817 2000, Fax: +49 30 1817 51000
Wer zu Gesetzen noch Fragen und Zweifel hat, kann sich in besonderen Fällen im Internet auf die Suche machen oder mit Hilfe eines Anwalts. Auf dieser Internetseite z.B. kann man bei Bedarf Gesetzestexte durchsuchen (auf Niederländisch), falls man denn Interesse haben sollte:
http://wetten.overheid.nl/zoeken/.

Sterbehilfe

Seit Jahren kontrovers diskutiert ist das Thema Sterbehilfe. Die Niederlande waren 2002 das erste Land auf der Welt mit einem Gesetz, das die aktive Beendigung eines Patientenlebens durch seinen Arzt unter bestimmten Bedingungen erlaubt. Der Patient muss z.B. freiwillig und gut überlegt um die Sterbehilfe bitten, der Zustand muss ohne Aussicht auf Heilung und mit unerträglichem Leiden verbunden sein, ohne dass noch eine andere Lösung für den Patienten in Frage kommt. Die Patienten können hierbei selbst minderjährig sein. Etwa 3500 Fälle von Sterbehilfe werden im Land pro Jahr registriert.

Belgien, Luxemburg und die Schweiz haben inzwischen nachgezogen und Sterbehilfe ebenfalls legalisiert.

Große Kritik gab es bei der Eröffnung einer „Sterbehilfeklinik“ (Levenseindekliniek) in Den Haag. Diese wurde von der Niederländischen Vereinigung für ein freiwilliges Lebensende gegründet und nimmt Patienten auf, die keinen Hausarzt zwecks Sterbehilfe finden können. Ist es dem Patienten nicht möglich, von der Klinik aufgenommen zu werden, so kann er auch zu Hause betreut werden. Hauptkritikpunkt an der Klinik ist vor allem, dass das Verhältnis zwischen einem persönlichen Hausarzt und dem Patienten nicht mehr gegeben ist – und bei unseren Nachbarn spielen die Hausärzte eine größere Rolle als bei uns, wie im Kapitel „Praktisches“ nachzulesen ist. Neu eingeführte Sterbehilfe-Sprechstunden von der NVVW (Niederländische Vereinigung für ein freiwilliges Lebensende) finden großen Anklang. Hier können Interessierte alle Fragen rund um das Thema loswerden und Hilfe erhalten beim Ausfüllen der Willenserklärung. Das niederländische Justizministerium hat ein Dokument mit den häufigsten Fragen und Antworten in englischer Sprache herausgebracht.

Kultur

Wer sich kaum mit den Niederlanden beschäftigt hat, wird vermutlich von seiner Kultur gerade im künstlerischen Bereich sehr überrascht sein, denn hier findet man mit fast 1.000 Museen die größte Museumsdichte der Welt.

Neben sehenswerten international bekannten Mussen (Van Gogh-Museum, Rembrandt-Haus, Rijsmuseum, Kröller-Müller-Museum, etc.) und Kunstsammlungen, ist auch ein Besuch der regelmäßig stattfindenden großen Festivals und Veranstaltungen empfehlenswert.

Nicht nur in Museen, sondern natürlich auch in Musik und einem ausgeprägten Theaterleben mit neuen, mutigen Stilrichtungen drückt sich die niederländische Kultur aus. Die interessante Architektur (man beachte die schmalen Häuser in Amsterdam, schwimmende Häuser, oder die ganze künstlerische Szene Rem Kohlhaas, Jo Coenen, Piet de Bruyn, Aldo van Eyck) und natürlich die Literatur (Cees Noteboom, Harry Mulisch (gest. 2010), Tessa de Loo, Margriet de Moor, Marten t'Hart) sind ebenfalls erwähnenswert. Traditioneller Stil wird häufig vermischt mit modernen Einflüssen der Randstad und Migrantenkulturen, was die niederländische Kultur bemerkenswert und interessant gestaltet.
Im Abschnitt Musik, Kunst, Theater & Co. im letzten Kapitel Näheres dazu.

Besonders im Euregio-Bereich an der deutsch-niederländischen Grenze finden viele Kooperationen von Kultureinrichtungen, Stiftungen und Mussen statt, z.B. die “Deutsche Bibliothek Den Haag”, die “Stichting Cultuur & Kommunikation” oder auch die “Genootschap Nederland-Duitsland”. Auch Schüler- und Studentenaustauschprogramme werden regelmäßig organisiert, von der engen Zusammenarbeit diverser Hochschulen und Schulen abgesehen. Drei deutschniederländische Kulturstiftungen pflegen die bilateralen Kulturbeziehungen durch Aktivitäten wie z.B. Autorenlesungen, Filmpräsentationen und Diskussionsabende.

Feiertage

Hier eine Übersicht über die Feiertage :

- Nieuwjaar(sdag), 1. Januar, Neujahr
- Goede Vrijdag (Karfreitag) am Freitag vor Ostern. Für manche ein freier Tag
- Pasen (Ostern) am Ostersonntag und Ostermontag
- Koningsdag (Tag des Königs) am 26. oder 27. April (ab 2014). Hier wird der Geburtstag des Königs Willem-Alexander gefeiert, der eigentliche Koningsdag ist am 27. April. Fällt dieser Tag auf einen Sonntag, wird er auf den Vortag verschoben (z. B. 2014)
- Koninginnedag (Tag der Königin) am 29. oder 30. April (bis 2013). Geburtstag der früheren Königin Juliana (Beatrix' Mutter); der eigentliche Koninginnedag war am 30. April. Fiel dieser Tag auf einen Sonntag, wurde er auf den Vortag verschoben (zuletzt 2006)
- Dodenherdenking (Totengedenken), 4. Mai Gedenktag an die Toten der Kriege (kein freier Tag; um 20 Uhr zwei Minuten Stille)
- Bevrijdingsdag (Befreiungstag) am 5. Mai. Gedenken anlässlich der Befreiung von der deutschen Besatzung im Zweiten Weltkrieg (kein freier Tag)
- Hemelvaartsdag (Christi Himmelfahrt) 39 Tage nach Ostersonntag
- Pinksteren (Pfingsten) 49 Tage nach Ostersonntag. Pfingstsonntag und Pfingstmontag
- Sinterklaasavond oder Pakjesavond (Nikolausabend) am 5. Dezember. Kein freier Tag; statt Weihnachten, der Tag, an dem Kinder beschenkt werden
- Kerstmis(Weihnachten) am 25. und 26. Dezember. Wie bei uns erster und zweiter Weihnachtsfeiertag
- Oudjaar, Oudejaarsdag oder Oud en Nieuw (Silvester, wortwörtlich: „Alt und Neu") am 31. Dezember. Kein freier Tag

Details über Bräuche und Feste im letzten Kapitel des Buches.

Liberal

Die Niederlande haben bekanntlich den Ruf, besonders tolerant und liberal eingestellt zu sein. Angeblich leben in Amsterdam fast 180 Glaubensrichtungen – mehr als in New York! Auch das friedliche Zusammenleben vieler Kulturen gelingt recht gut, mit gleichgeschlechtlichen Ehen kann man längst keinen mehr schocken, und rege Einwanderungszuströme vergrößern das Land das ganze Jahr über.

Böse Zungen behaupten ja, dass die niederländische Toleranz eigentlich mehr ein Wegschauen ist und die Niederländer einfach alles „wegtolerieren", solange sie nicht direkt betroffen sind.

Gerade die Einwanderung wird jedoch nicht mehr soooo locker gesehen – die VVD und später auch Rechtspopulist Pim Fortuyn wandten sich diesem Thema schon vor Jahren immer mehr zu. Als 2004 der Regisseur und Islamkritiker Theo van Gogh ermordet wurde, wurden sogar Moscheen angezündet und restriktivere Einwanderungsgesetze eingeführt. In dem Buch „Geschichte der Niederlande", erläutert Christoph Driessen hierzu die Hintergründe und zitiert Schriftsteller Harry Mulisch: „Unser kleines, friedliches und ruhiges Holland, das ist Vergangenheit."

Polder, Landgewinnung und der Kampf dem Wasser

Als Polder bezeichnet man ein künstlich trockengelegtes und von Deichen geschütztes Gebiet. Normalerweise liegen sie unter dem Meeresspiegel bzw. unter dem Spiegel der sie umgebenden Gewässer. Pumpanlagen ersetzten die früheren Windmühlen, um die Gebiete trockenzuhalten (s. auch Windmühlen). Im Deutschen bezeichnet man mit dem Wort „Polder" fälschlicherweise das Gegenteil, nämlich Rückhaltebecken, die als Überschwemmungsgebiete ausgewiesen werden, z.B. am Oberrhein zum Hochwasserschutz.

Etwa ein Drittel der Niederlande liegt unter dem Meeresspiegel. Im Nordwesten des Landes befand sich die „Zuiderzee" (südliche See, als Gegenstück zur Nordsee), eine Meeresbucht der Nordsee, die etwa 100 km bis ins Landesinnere hineinragte. Als Folge von Überschwemmungen und Sturmfluten fiel ihr stets mehr Land zum Opfer. Um wieder mehr Land zu gewinnen und sich vor den Fluten zu schützen, wurde 1932 der „Afsluitdijk" (Abschlußdeich) gebaut und das innenliegende Gewässer in „Ijselmeer" umgetauft.

Der Bau vieler Deiche und das Abpumpen dieser ehemaligen Meeresbucht legten große Landgebiete frei (etwa 1400km²), die in der heutigen Provinz Flevoland liegen.

Städte wie zum Beispiel Amsterdam sind auf Inseln errichtet und durch Pfähle stabilisiert. Auch heute noch ruhen viele Gebäude (z.B. der Königliche Palast

und der Hauptbahnhof) auf diesen alten Holzpfählen. Neubauten werden nach wie vor mit Pfählen abgesichert, jedoch sind diese aus Beton, um nicht durch das Wasser mit der Zeit morsch zu werden.
Die größtenteils in der Provinz Zeeland liegenden Deltawerke wurden nach einer schlimmen Sturmflut 1953, bei der fast 2000 Menschen und über 200.000 Tiere starben, als Schutz gebaut. Die „American Society of Civil Engineers“ erklärte die Deltawerke zu einem modernen Weltwunder.
Nach dem Motto „Vorsicht ist besser als Nachsicht“ sind die Deiche so hoch gebaut, dass sie einer so großen Flut standhalten würden, wie sie nur alle 1250 Jahre zu erwarten ist.
Einen lesenswerten Gastartikel rund um das Thema Polder, Deiche und Wasser findet man auf dem Blog buurtaal.de.

Tulpen

Wer an die Niederlande denkt, verbindet damit oft Tulpen und Windmühlen. Tatsächlich haben Tulpen hier eine lange Tradition und spielen immer noch eine wichtige Rolle: Aus dem Mittleren Orient importiert werden sie auf nahezu 10.000 Hektar Land angebaut und bilden fast 80% der weltweiten Tulpenproduktion. Dies hat auch einen guten Grund: Der lehmige Sandboden im Norden des Landes ist für den Tulpenanbau durch seinen hohen Humusanteil ideal.

Zwischen Ende März und Mitte Mai ist die Tulpenblüte in voller Pracht zu bewundern – hierzu kann man z.B. in den weltberühmten Keukenhof im südholländischen Lisse fahren und auf 32 Hektarn durch die Parkanlage mit wunderschönen Blumenmeeren wandern.
Ein weiteres weltberühmtes Spektakel: Die Blumenauktionen in Alsmeer, bei der Blumenzwiebeln in großem Stil ersteigert werden können.

Windmühlen

Unzählige Windmühlen prägen auch heute noch das Landschaftsbild.
Sie wurden jedoch meist nicht zum Mahlen von Mehl eingesetzt, sondern als Pumpen im Kampf gegen das Hochwasser. Große Landstrecken – die sogenannten Polder (siehe Abschnitt Polder) – konnten mit Hilfe der Windkraft trockengepumpt und -gehalten werden. Fast ein Fünftel des Landes ist künstlich angelegt. Daher auch der niederländische Spruch „Gott erschuf die Welt, aber die Holländer erschufen Holland“. Mittlerweile sind die Windmühlen größtenteils durch Pumpanlagen ersetzt, trotzdem bleiben die alten Wahrzeichen stehen. Die berühmtesten Poldermühlen stehen in Kinderdijk, von der UNESCO sogar zum Weltkulturerbe erklärt. Auch im Freilichtmuseum „Zaanse Schans“ sind Wind-

mühlen und alte Wohnhäuser aus dem 18. und 19. Jahrhundert zu besichtigen – etwa 900.000 Besucher schauen sich dies jährlich an.
Da es genug Wind gibt, sind auch großangelegte Windanlagen zur Energieproduktion geplant.

Land

Brücken

In einem Land, das zu großen Teilen unter dem Meeresspiegel liegt und in dem es von Kanälen, Schleusen und Häfen nur so wimmelt, gibt es natürlich auch unzählige Brücken. Amsterdam z.B. wird aufgrund seiner vielen Brücken auch als „Venedig des Nordens" bezeichnet. Das Besondere ist, dass sich viele hochklappen lassen und man somit als Auto- oder Fahrradfahrer schon mal einige Minuten warten muss, bevor die Fahrt weitergeht. An einigen Brücken hat man als eiliger Fahrradfahrer Glück: Hier gibt es einen besonderen Übergang, der nur zu Fuß – Radfahrer schieben dann – zu begehen ist.

Neben den am häufigsten vorkommenden Zugbrücken (ophalbrug), gibt es noch Drehbrücken (draibrug), Schwimmbrücken (vlotbrug), Klappbrücken sowie Hebe- oder Hubbrücken (hefbrug).
Wer unmittelbar an einer Gracht wohnt, hat meist auch eigene Boote. Je nach Boottyp muss man mindestens 12, 16 oder 18 Jahre alt sein, um dieses steuern zu dürfen (Ausnahme: Segelboote unter 7 m Länge und nur durch Muskelkraft betriebene Boote – hier gibt es kein Mindestalter). Weiterführende Details inkl. der gesetzlichen Lage auf der Seite des deutschen Motoryachtverbandes.

Holland vs. Niederlande

Umgangssprachlich werden die Niederlande gerne mal als "Holland" bezeichnet, was jedoch nicht ganz stimmt: Zu Holland gehören nur die Provinzen Nordholland und Zoudholland (Südholland) – und damit große Städte im Westen wie Rotterdam, Amsterdam und Den Haag, aber eben nicht die ganzen Gebiete im Südwesten, Nord- und Südosten wie z.B. Limburg, Brabant, Groningen oder Enschede (siehe auch Abschnitt Provinzen).
Für die nicht ganz korrekte „Holland"-Bezeichnung sind die Niederlande übrigens größtenteils selbst verantwortlich: Bereits in den Sechziger Jahren startete eine Werbekampagne in der Tourismusbranche, die mit dem blonden Käsemädchen aus „Holland" vor allem Käse vermarktete. Manchmal reagieren die Niederländer in nicht-Holland-Regionen jedoch empfindlich auf die Bezeichnung

„Holland" – sind damit doch eben zwei spezifische Provinzen gemeint – obwohl sie selbst landesweit gültige Sprüche wie „Hup, Holland, hup" als Fußballschlachtruf eingeführt haben.

Nord- und Südholland dunkel markiert

Klima

Das Klima ist ausgeglichen, aber regnerisch, mit viel Wind, Bewölkung, Nebel, milden Wintern und kühlen, feuchten Sommern (129 Regentage pro Jahr). Sehr hohe oder tiefe Temperaturen werden selten verzeichnet, wohl aber oft – vor allem in den Küstenprovinzen bei Windrichtungswechsel – plötzliche starke Temperaturschwankungen. Der meiste Regen fällt in den Monaten Oktober bis Januar im Küstengebiet; am trockensten ist es im Mai und Juni. Der Osten und besonders der Südosten des Landes sind am regenärmsten, wo es im Sommer wesentlich wärmer und im Winter bedeutend kälter werden kann als in den übrigen Gebieten.

Namen

Viele Vornamen kommen auch uns bekannt vor – zu den beliebtesten Mädchennamen in letzter Zeit zählten: Emma, Sophie, Julia, Anna, Lisa etc., bei den Jungen Tim, Lars, Lucas und Julian. Eher außergewöhnliche Frauennamen sind dann z.B. Saar, Tess, Lieke, Sanne oder Roos, oder bei den männlichen Vertretern Bram (Abkürzung von Abraham), Sem, Luuk, Thijs oder Stijn.

Anders als bei uns, wo viele der häufigsten Nachnamen sich noch nach der früheren Berufsbezeichnung richten (Müller, Schmidt, Fischer,...) sind sehr viele niederländische Nachnamen eher auf ihre Herkunft bezogen: De Vries stammt z.B. aus Friesland, van Doorn aus dem Dorf Doorn, van de(n) Berg vom Berg etc.

Trotzdem sind auch etwa ein Viertel aller Nachnamen auf Berufsbezeichnungen zurückzuführen, wie z.B. de Boer (der Bauer) oder Bakker (Bäcker). Auch kommen unter den Top 100 – sogar auf Platz 1 – viele Nachnamen vor, die Eigenschaften bezeichnen: de Jong (der Jüngere) ist der häufigste niederländische Nachname und de Groot (der Große) oder Klein sind weitere Beispiele häufig vorkommender Eigenschaftsnachnamen.

Vielleicht fragt sich der ein oder andere beim Ausfüllen eines Formulars, was es mit dem sogenannten „Tussenvoegsel“ auf sich hat? Das ist die „Zwischensilbe“ zwischen dem Vor- und Nachnamen, z.B. Marijn van den Berg oder Thomas van Dijk.

Provinzen

Die zwölf Provinzen besitzen weniger Autonomie als deutsche Bundesländer (keine eigenen Gesetze z.B.).

Die Provinzen sind im ...

Norden: Drenthe (mit z.B. Assen, Emmen), Groningen und Friesland
Osten: Flevoland, Gelderland, Overijssel (mit z.B. Enschede, Almelo, Zwolle)
Süden: Zeeland, Nord-Brabant und Limburg
Westen: Utrecht, Nord- und Südholland

Das Landschaftsbild ist allgemein eintöniger als bei uns – ausgenommen Limburg im Süden, wo es schon etwas hügeliger wird – jedoch hört man unterschiedliche Dialekte in den verschiedenen Regionen und Provinzen. Am auffallendsten ist hier der Süden (Brabant, Limburg), der vom Klang her an das belgische Niederländisch erinnert.
Neben den Dialekten stellt man sicherlich auch Mentalitätsunterschiede fest und wird als Ausländer eventuell unterschiedlich aufgenommen. „Amsterdam ist Niederlande hoch zwei in Bezug auf den Mentalitätsunterschied zu Deutschland" (Amsterdam is Nederland in het kwadraat, wat betreft mentaliteitsverschil met Duitsland) liest man z.B. im Blog des Niederländers Bob, der nach Deutschland gezogen ist. In den Grenzregionen (Drenthe, Groningen, Overijssel, Gelderland, Limburg) ist der Unterschied und sind ggf. auch die Vorurteile gegenüber Deutschen geringer, pflegt man hier doch regelmäßig privaten Kontakt, ganz abgesehen vom Arbeitsumfeld.

Sprache

Wie bei uns auch hört man in den Niederlanden verschiedene Dialekte und Akzente. Es wird zudem nicht nur in den Niederlanden selbst Niederländisch gesprochen, sondern auch in Belgien (im nördlichen Teil Flandern), in Südafrika (Afrikaans, aus dem Niederländisch des 17. Jahrhunderts entstanden), im Surinam (Südamerika) und auf einigen Karibikinseln (niederländische Antillen).
Das Friesische („Frysk"), gesprochen in der Provinz Friesland, nimmt übrigens eine Sonderstellung innerhalb des Landes ein und ist selbst für viele Niederländer schwer verständlich. Statt „vader" (Niederländisch für Vater) sagt man hier „heit" und statt „moeder" (Mutter) „mem", um nur zwei Beispiele zu nennen, die den starken Sprachunterschied verdeutlichen.

Weitere Dialekte sind z.B. Limburgs (statt „Het vuur was te heet" – das Feuer war zu heiß – „'T vuur waor te heet"), Zeeuws, Brabants oder Nedersaksisch (abgeleitet vom Wort „Niedersächsisch").

Solange man nicht in einem kleinen friesischen Dorf landet, sollte es mit dem erlernten Sprachkursniederländisch keine Verständigungsprobleme geben. Zudem ist fast jeder Niederländer, gerade in den jüngeren Generationen, fit im Englischen, sodass man sich anfangs damit retten kann. Auch haben viele zumindest grundlegende Deutschkenntnisse – nicht nur wegen des starken wirtschaftlichen Einflusses Deutschlands, sondern auch weil viele das Fach „Deutsch" schon ab der Grundschule erhalten haben. Dies wird jedoch in den letzten Jahren immer mehr abgeschafft, also werden in den jüngeren Generationen die Deutschkenntnisse voraussichtlich wieder verloren gehen, sofern hier nicht gegengesteuert wird.

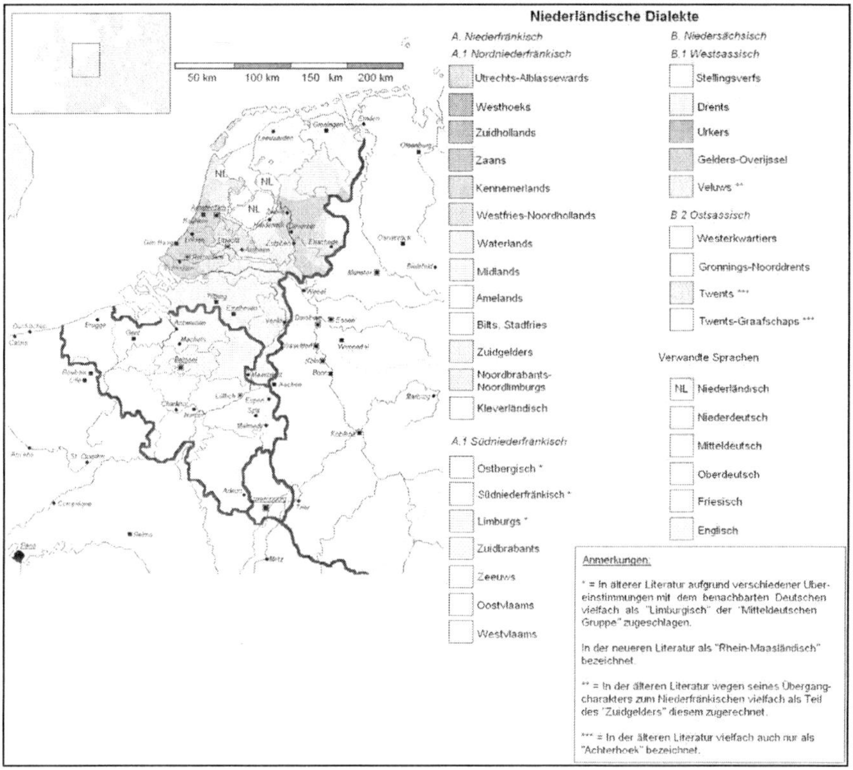

Niederländische Dialekte

Genau genommen ist das Niederländische ein niederfränkischer Dialekt, wie auch das Letzeburgische, die Mundart in der Ecke bei Aachen usw. Kein Linguist, kein Sprachwissenschaftler, wollte das bestreiten. Nur wurde der Dialekt anders als bei den Schweizern, die ja auch erst 1648 aus dem Reich ausschieden, in eine eigene Schriftform gegossen … Der Umweg über das Englische ist und bleibt eben ein „Umweg“.

Wirtschaft

Innerhalb der EU sind die Niederlande der größte Agrarexporter, mit Deutschland als größtem Absatzmarkt. Nicht nur Tomaten, Kartoffeln und andere Gemüsesorten, sondern auch Blumen, Fisch und Käse bilden hierbei eine große Exportproduktgruppe. Sowohl im Im- als auch im Export sind sie der zweitstärkte Handelspartner Deutschlands (2012) und zählen bei der Welthandelsorganisation WTO regelmäßig zu den fünf größten Exportnationen der Welt – nach den USA, China, Deutschland und Japan. Der viertgrößte Flughafen Europas – Schiphol in Amsterdam – und der größte Hafen Europas in Rotterdam, der weiterhin ausgebaut wird, spielen hierbei eine zentrale Rolle. Rotterdam vermarktet seinen Hafen sogar unter dem Slogan „größter deutscher Hafen", denn hier werden mehr Waren für Deutschland umgeschlagen als in allen Häfen Deutschlands zusammen.

Laut Wirtschaftsfachleuten sind in den Handelsbeziehungen besonders Direktinvestitionen – oft von ausländischen Tochterunternehmen mit Sitz in den Niederlanden getätigt – wichtig. Weiterhin hat der Fremdenverkehr einen entscheidenden Anteil an den Wirtschaftsbeziehungen, z.B. war Deutschland unlängst mit elf Millionen Übernachtungen das Reiseland Nr. Eins der Niederländer.

Auch ansonsten geht es aufwärts mit der niederländischen Wirtschaft, sogar schneller als in Deutschland und Frankreich. Zum ersten Mal seit fünf Jahren erfüllt das Land auch wieder die EU-Konvergenzkriterien aus Maastricht von einem Haushaltsdefizit von maximal 3 Prozent, und das Wirtschaftswachstum steigt kräftiger als erwartet, auch wenn die Arbeitslosenzahl zunächst kurz ansteigen wird, bis neue Arbeitsplätze geschaffen wurden.

Diverse Sparmaßnahmen im Bereich der Sozialleistungen sollen die Haushaltslage weiter verbessern.

Gerade mittelständische Betriebe versuchen immer mehr, auch den deutschsprachigen Markt für sich zu gewinnen. Wie im Kapitel „Praktisches" im Detail erläutert, kann es bei der Zusammenarbeit mit den pragmatischen, offenen und flexiben Niederländern durch den Mentalitätsunterschied zu einigen unerwarteten Problemen kommen. Bei uns wurde dem niederländischen Arbeitsmarkt bislang als Vorbild noch kaum Beachtung geschenkt, dabei sind die Nachbarn besonders im Bereich Landbau und Wassermanagement, aber auch im Maschinenbau, Energietechnik, IT und medizinischer Technologie bekannt für kreative, innovative Lösungen, von denen man sich so Manches abschauen könnte.

Bei deutsch-niederländischer Zusammenarbeit wie z.B. auf der Hannovermesse (jährliche Industriemesse) wird nicht nur versucht, gemeinsame Probleme anzugehen, sondern auch gegenseitiges Unterstützen angeboten. In Deutschland sinkt die Gesamtbevölkerung, während die Seniorenzahl steigt – im Gegenteil zu einer recht konstanten Zahl in den Niederlanden. Durch die wachsende Anzahl an Senioren entsteht ein Fachkräftemangel, der ggf. in grenzüberschreitendem Austausch und Zusammenarbeit gesenkt werden könnte.

Wissenschaft und Forschung

Die unabhängige internationale Organisation World Economic Forum (Weltwirtschaftsforum) hat die Niederlande im Wettbewerbsfähigkeits-Index kürzlich auf Platz Fünf eingestuft. An Universitäten und auch Hochschulen merkt man deutlich, dass die im Vergleich zu Deutschland recht hohen Studiengebühren gut eingesetzt werden. Der Staat selbst unterstützt mit etwa 1,9 Prozent des Brutto Inlandproduktes die Forschung und Entwicklung; dies soll bis 2020 sogar noch auf 2,5 Prozent erhöht werden. Ein ehrgeiziges Ziel, eingedenk dessen, dass gerade der Dienstleitungs- und Finanzsektor die stärkste wirtschaftliche Stellung einnehmen.

Etwa 25.000 Deutsche studieren z.Zt. in den Niederlanden. Ein Wechsel, Auslandssemester oder auch ein komplettes Studium dort wird durch 570 Kooperationsvereinbarungen im universitären und außeruniversitären Forschungsbereich vereinfacht.
Auch wenn der Großteil die hohe Anzahl (rund 59.000) der ausländischen Studenten positiv sieht, liest man auch Gegenstimmen. So hat z.B. Halbe Zijlstra (VVD, Kabinett Rutte) gefordert, dass Deutschland Entschädigungsgelder für deutsche Studenten in den Niederlanden zahlen soll.

Grund hierfür ist kein böser Wille, sondern die Tatsache, dass die Regierung an Universitäten und Hochschuleinrichtungen jeden Studenten mit rund 6.000 € unterstützen. Die meisten ausländischen Studenten kehren jedoch nach dem Studium wieder in die Heimat zurück. Einige von ihnen beginnen dann zwar internationale Karrieren und nutzen ihre niederländischen Kenntnisse und Kontakte, jedoch bringt dies nur selten die vorher investierten Kosten wieder rein.

Auch andere Länder wie Österreich und die Schweiz haben ausländischen Studenten teilweise Beschränkungen auferlegt; z.B. gilt in Österreich eine Medizin-Quote, wonach max. 20% der verfügbaren Plätze an EU-Ausländer gehen dürfen. In der Schweiz stehen Überlegungen an, an einigen Universitäten die Studiengebühren für ausländische Studenten um fast das Doppelte zu erhöhen.
Von den Niederländern selbst sind übrigens nur rund 16.000 zu einem Studium im Ausland bereit.

Delfter Blau

Städte

Hier eine Auswahl der beliebtesten Studentenstädte in Kurzform:

Amsterdam

Ein Name, bei dem viele ins Schwärmen geraten. Den Beinamen „Venedig des Nordens“ können gebürtige Amsterdamer angeblich nicht mehr hören. Besonders schmale, dafür hohe Häuser, auf dicken Pfählen gebaut, prägen das Stadtbild. Mit ihrem internationalem Flair, ihren berühmten Grachten, vielen Bauwerken, die noch aus dem 17. Jahrhundert stammen, und unzähligen Freizeitaktivitäten bietet die Stadt einfach alles, was das Herz begehrt. Mit fast 800.000 Einwohnern ist die niederländische Hauptstadt im Westen des Landes noch überschaubar. Zählt man den Großraum Amsterdam inkl. der sogenannten „Randstad“ noch dazu, wird die Einwohnerzahl der zur Provinz Nordholland gehörenden Stadt auf 2,4 Millionen geschätzt.

Amsterdam hat zwei Universitäten (Universität von Amsterdam, Freie Universität Amsterdam) sowie vier staatlich finanzierte Hochschulen (Hogeschool van Amsterdam, Amsterdamse Hogeschool voor de Kunsten, Gerrit Rietveld Academie, Hogeschool iPabo).

Auf www.amsterdam.nl sind nicht nur Museen, Konzerte, Parks und andere attraktive Beschäftigungsmöglichkeiten gelistet, sondern man kann sich hier ebenfalls für die Wohnungssuche registrieren, nach Jobs suchen und alle Formalitäten nachschauen.

Ist die Prinsengracht, die längste Hauptgracht des Grachtengürtels von Amsterdam, im Winter zugefroren, kommt man dort nicht nur Schlittschuläufern entgegen, sondern es werden dort auch schon mal klassische Konzerte abgehalten. Im Sommer dagegen kann man sich an einem der Strände (Strand Zuid, Strand West, Strand Ijburg) entspannen.

Delft

Zur Provinz Südholland gehörend zählt die im Südwesten liegende „Prinsen“-Stadt Delft fast 100.000 Einwohner. Mit ihrem historischen Kern ist Delft ein beliebtes Touristenziel. Nicht nur der Fürst / Prinz Wilhelm aus dem Hause von Oranien, der Königsfamilie, verlegte seine Residenz nach Delft, sondern auch der bekannte niederländische Künstler Johannes Vermeer, sowie das berühmte weiß-blaue Keramikgeschirr („Delfts blauw“) stammen von dort. Die Stadt wurde zudem als Drehort von „Das Mädchen mit dem Perlenohrring“, der Verfilmung des gleichnamigen Romanes, gewählt.

Auf der offiziellen Website der Stadt https://www.delft.nl/ sind unzählige Infos über Wohnungssuche, Touristenattraktionen, Veranstaltungen, die Gemeinde, einen Newsletter, aktuelle Verkehrsinformationen, und vieles mehr zu finden. Dank der TU (technische Universiteit), der Haagse Hogeschool Delft, der technisch ausgerichteten Hogeschool Inholland und ganzen dreißig Studentenvereinigungen hat Delft definitiv auch den Untertitel „Studentenstadt" verdient.

den Bosch

Den Bosch, oder auch s'Hertogenbosch wie die Hauptstadt der Provinz Nordbrabant eigentlich heißt, habe ich leider bislang nur einmal besucht. Dabei strahlt die im Süden der Niederlande gelegene Stadt – unlängst als gastfreundlichste Stadt des Landes gekürt – wirklich eine „gesellige" Atmosphäre aus und bietet unzählige kleine Cafés, Kneipen und Restaurants, in denen sich einmalige Abende verbringen lassen. Das Wort Bosch im Stadtnamen ist übrigens das deutsche „Busch" bzw. Wald (niederländisch „bos") zurückzuführen. s'Hertogenbosch bedeutet also „des Herzogs Wald".

Wer Den Bosch besucht, sollte unbedingt die köstlichen Kalorienbomben „Bossche Bollen" probieren.

Je nach persönlichem Interesse ist auch ein gemütlicher Shoppingbummel durch die ausgedehnte Innenstadt, ein Besuch der St.-Johannes-Kathedrale oder eine Kanalrundfahrt zu empfehlen.

26 Vollzeit- und 14 Teilzeit- und 3 Dualstudiengänge der Avans Hogeschool sind in Den Bosch angesiedelt.

Den Haag

Den Haag wird offiziell seit 1602 's-Gravenhage (dt. „des Grafen Hag", also „des Grafen Hecke/Wäldchen") genannt und ist der Parlaments- und Regierungssitz. Es wird auch als „Königliche Stadt am Meer" bezeichnet, da die Stadtteile Scheveningen und Kijkduin direkt an der Nordsee liegen und viele Mitglieder des Königshauses einen Wohnsitz in Den Haag haben. Zudem kann man viele Baudenkmäler in den historischen Vierteln der Stadt bestaunen, oder sich in einem der unzähligen Cafés am „Grote Markt" oder am „Plein" niederlassen. Auch Einkaufsmöglichkeiten bieten sich hier ohne Ende, mit kleinsten Boutiquen und Kitschläden, aber auch riesigen Warenhäusern bietet Den Haag alles, was das Shoppingherz höher schlägen lässt. Im interaktiven Miniaturpark Madurodam kann man viel über die Niederlande lernen, und das runde Filmtheater Omniversum mit einem 36 Meter breitem Bildschirm ist auch einen Besuch wert.

Den Haag liegt im Ballungsgebiet „Randstad“, mit anderen großen Städten wie Rotterdam, Leiden oder Delft in nur wenigen Kilometern Entfernung.

Emmen

Emmen, trotz über 100.000 Einwohnern (inkl. umliegender Dörfer) mehr einer Kleinstadt gleichend, ist nur etwa 30 Autominuten von der deutschen Grenze entfernt. Es ist vor allem für seinen Zoo bekannt und trägt als Hinweis darauf den Beinamen „Vlinderstad“ (Schmetterlingsstadt). Neben einem großen Stadtzentrum mit vielen Einkaufsmöglichkeiten bietet Emmen auch Aktivitäten wie z.B. Gouden Pijl („der goldene Pfeil“, Radrennen mit Festivitäten), das Ce la vie (Straßentheaterfestival mit abendlichen Konzerten) oder das Full Color Festival (Musikfestival Ende August), die jährlich auch von vielen Deutschen besucht werden.

Wer etwas weiter reisen möchte, kann auch Assen, die Hauptstadt der Provinz Drenthe, besuchen und dort dem legendären Motorrad-Rennen TT am letzten Samstag im Juni zuschauen.

Ansonsten bietet Emmen ganz viel Natur: Wälder, Moorgebiete, Heide und Hünengräber kann man wunderbar mit dem Fahrrad erkundschaften. Witzig ist in Emmen vor allem der Dialekt – drents – der teilweise selbst mit Niederländischkenntnissen ziemlich unverständlich ist, manchmal aber auch mehr an Deutsch als an Niederländisch erinnert.

Eindhoven

Mit 220.000 Einwohnern ist Eindhoven in Nordbrabant die fünfgrößte Stadt des Landes. Bis ins 13. Jahrhundert reicht die Geschichte der Stadt zurück, die als fortschrittliche Kulturstadt und Technologiezentrum bekannt ist. Drei Viertel der Stadt sind im 16. Jahrhundert einem Feuer zum Opfer gefallen und auch im Zweiten Weltkrieg wurden große Teile der Stadt zerstört.

Die technische Universität Eindhoven und drei Hochschulen sind hier zu finden. Zudem hat NXP Semiconductors, ehemaliges Tochterunternehmen von Philips, hier seinen Standort. Wie auch in den Bosch spürt man in Eindhoven den brabantschen lebenslustigen Flair, kann wunderbar einkaufen gehen oder sich in einem der zahlreichen Restaurants und Cafés niederlassen.

Der Flughafen Eindhoven ist der meistgenutzte Regionalflughafen im Land.

Enschede

Dicht an der deutschen Grenze liegt die beschauliche Stadt Enschede (Provinz Twente), die für Deutschsprachige ohne Übung wohl schwierig auszusprechen ist. In ländlichen Regionen wird Niedersächsisch bzw. Plattdeutsch gesprochen und auch sonst hört man einen Akzent heraus, der sich vom Niederländisch im Westen und in der Mitte des Landes deutlich unterscheidet. Wie auch die fast benachbarten deutschen Städte Gronau und Nordhorn war Enschede lange eine bedeutende Textilstadt.

Samstags kann man auf dem Fischmarkt grandiosen „Kibbeling“ probieren oder auch Blumen, Obst und Gemüse kaufen.

Im Stundentakt fährt ein Zug von Enschede in die deutschen Städte Münster, Coesfeld und Dortmund.

An den Saixon Hochschulen sowie an der Universität Twente, die den Ruf hat, eine der besten technischen Universitäten Europas zu sein, studieren aufgrund der Grenznähe besonders viele deutsche Studenten.

Groningen

Von den fast 200.000 Einwohnern sind etwa 50.000 Studenten. Groningen hat somit nicht unbegründet den Ruf, eine echte Studentenstadt zu sein. Ihre Einwohner haben das jüngste Durchschnittalter des gesamten Landes. Mit Ausnahme der schwierigen Wohnungssuche kann ich einfach nur von Groningen schwärmen und würde die Entscheidung, dort zu studieren, immer wieder treffen. Die Hanzehogeschool sowie die Reichsuniversität (Rug) bieten unzählige Studiengänge. Man lernt Menschen aus aller Welt kennen, besonders natürlich in den vielen internationalen Studiengängen, die Grenze liegt nah, für viele deutsche Studenten also nicht so weit von der Heimat entfernt.

Trotzdem merkt man deutlich, dass man in einem anderen Land studiert, nicht nur aufgrund der typisch niederländischen Straßen und der Unmengen an Fahrrädern überall.

In Groningen sollte man nicht nur den traditionellen „Groninger Koek“ probieren und das belgische Biercafé „Tempelier“ besuchen. Auch kann man hier gleich in zwei Kirchen einmal im Jahr Whiskey und Bier aus aller Welt verkosten. Im Winter ist ein Besuch der kuriosen „ICE-bar“ mit Minusgraden in der Innenstadt (direkt bei „Drie Gezusters“) Pflicht. Der wunderschöne Stadtpark Norderplantsoen, die Kei-Week zur Einführungs zum Studium, das Noorderzon-Festival im August mit lauter Livebands, der Oosterport mit berühmten Bands aus aller Welt, Mussen, Kneipen und viele Firmen und Krankenhäuser, die mit der Universität und Hanze Hogeschool zusammenarbeiten, und in denen man

Praktikum machen kann, sollten wirklich jeden überzeugen, hier studieren zu wollen.

Wer Natur liebt, kann nicht nur in den Außenstadtteilen wie z.B. Beijum ausgedehnte Fietstouren unternehmen, sondern ist in weniger als 20 Minuten von der Innenstadt aus direkt umgeben von langgezogenen Fahrradwegen vorbei an Bauernhöfen, Kanälen und weiten Feldern.

Auf dem Fischmarkt fühlt man sich an Markttagen wie in alte Zeiten zurückversetzt – hier wird geschrien, was das Zeug hält.

Also: Wer in die Niederlande möchte, sollte Groningen unbedingt einen Besuch abstatten, auch wenn man hier nicht studieren oder arbeiten wird.

Leeuwarden

Hoch im Norden, in der Provinz Friesland, befindet sich das Städtchen Ljouwert bzw. Leeuwarden mit etwas über 100.000 Einwohnern. Ursprünglich lag es noch an einer Bucht des Wattenmeeres und war somit für den Handel per Schiff interessant, bevor dieser Wasserweg im 15. Jahrhundert austrocknete. Die Stadt ist nicht nur die Hauptstadt Frieslands, sondern auch ein Viertel aller Arbeitsplätze, vor allem im Dienstleistungsbereich und Tourismus, befinden sich hier. Von Leeuwarden aus startet die berühmte Elfstedentocht (siehe Schaatsen und Elfstedentocht).

Studieren kann man hier natürlich auch – an einer der drei Fachhochschulen Noordelijke Hogeschool Leeuwarden, am Van Hall Instituut und an der Stenden Hogeschool. Für das Jahr 2018 hat sich die Stadt den Titel „Kulturhauptstadt Europas" gesichert.

Leiden

In Leiden, der fünftgrößten Stadt in der Provinz Südholland, befindet sich die älteste Universität der Niederlande, gegründet 1575.

Auch der berühmte Maler Rembrandt oder der Forscher Antoni van Leeuwenhoek, der Life Science Studenten als Entdecker der Bakterien und Mikroskopbauer bekannt sein sollte, stammt aus Leiden. Gerade die alte Innenstadt bietet viel Charme mit ihren unzähligen Grachten und Brücken, alten Herrenhäusern und historischen Universitätsgebäuden. Etwas außerhalb der Stadtmitte kann man sich z.B. am Strand von Katwijk sonnen, eine Radtour durch den „Bollenstreek" (Tulpenanbaugebiet) machen, oder auch eine Segeltour auf den Kagerplassen (Seen) erleben.

Auch in Leiden war die Textilindustrie ein wichtiger Zweig, der jedoch wie in vielen anderen deutschen und niederländischen Städten ebenfalls längst entfallen ist. Arbeit gibt es trotzdem – z.B. bei der Airbus Group, beim europäischen Sitz von IKEA, bei der bekannten niederländischen Versicherung Achmea, im Druckerei- und Verlagswesen oder im Bio Science Park Leiden, der mit einem Krankenhaus den größten Arbeitgeber in Leiden beherbergt.

Maastricht

In Maastricht findet man unter den 120.000 Einwohnern besonders viele internationale Studenten, von denen mit 30% der höchste Anteil aus Deutschen besteht. Die Stadt in der Provinz Limburg liegt dicht an der Grenze zu Belgien und Deutschland (Höhe Aachen). Auch hier spürt man nicht nur den internationalen Flair, sondern auch das Alter der Stadt; z.B. in der historischen Innenstadt, bei alten Kirchen und Stadtmauern und vielen kulturellen Angeboten. Die ungewöhnlich hügelige Landschaft hier ist natürlich auch etwas ganz Besonderes.

Nijmegen

Nijmegen, bei uns „Nimwegen“, ist die älteste Stadt der Niederlande. Von den ca. 168.000 Einwohnern sind rund 18.000 Studenten. Die älteste Kneipe der Stadt, „in de blauwe hand“, gab es angeblich schom im Jahre 1542. In der lebhaften Stadt mit mediterranem Flair und viel gastronomischem und kulturellen Angebot kann man sich neben alten Gebäuden wie z.B. der gotischen St. Stevenskerk (13. Jahrhundert) oder dem Valkhof auch in den vom „Grote Markt“ abgehenden Einkaufsstraßen vergnügen. Neben den auch bei uns bekannten großen Ketten sind auch viele gemütliche Miniläden mit individuellen Artikeln zu finden. Einkaufstipp ist z.B. die Lange Hezelstraat mit Waren aus aller Welt. Da Nimwegen dicht an der deutschen Grenze liegt (Region Niederrhein, nahe der Gemeinden Kleve und Kranenburg), kommen viele Deutsche zum Shoppen und Sightseeing vorbei. Von der Promenade Waalkade aus kann man nicht nur in einem der unzähligen Restaurants schlemmen, sondern auch an einer Schifffahrt auf der Waal teilnehmen, bei der man – typisch Niederländisch – auch Pfannkuchen bestellen kann. Sogar ein Fahrradmuseum (Velorama) hat die Stadt zu bieten und im Erlebnismuseum „MuZieum“ lässt sich ein Abendessen im Dunkeln probieren. Auch die Natur kommt nicht zu kurz: Außer den Parks (z.B. Kronenburgerpark) sollte man die Region „Rijk van Nijmegen“, welche die Stadt als wunderschöne Flusslandschaft – sogar mit Hügeln – umgibt, besuchen.
Sportliche können vom 21. bis 24. Juli in Nimwegen an der sogenannten „Vierdaagse “ teilnehmen – der größten Wanderveranstaltung der Welt, bei der man bis zu 50 Kilometer pro Tag läuft.

Rotterdam

Auf meine Frage, wie Rotterdam denn so sei, habe ich vor allem eine Antwort erhalten: „Hässlich". Komischerweise nur von Personen, die Rotterdam noch gar nicht besucht haben. Dabei ist das vor allem Geschmackssache – wer den Hafen mag (der größte Hafen Europas steht hier), moderne Gebäude und sich an Wolkenkratzern nicht stört, kann hier wunderbar einkaufen und ausgehen, Kunst und Architektur bewundern – z.B. in der Kunsthalt oder im Boijmans van Beuningen Museum – oder auch studieren.
Rotterdam gilt als eines der kulturellen Zentren des Landes (vor einigen Jahren war es zusammen mit Porto Kulturhauptstadt Europas) und hat nicht nur eine Universität, sondern auch eine Musikhochschule, eine Kunstakademie und mehrere Fachhochschulen. Festivals wie z.B. das internationale Filmfestival Rotterdam ziehen immer mehr Besucher an. Fast die Hälfte aller Einwohner sind übrigens keine Niederländer – eine richtige Multi-Kulti-Stadt also.

Utrecht

Die Jahrhunderte alte Universitätsstadt Utrecht, in der ich meine Sprachprüfung für das NT2 Zertifikat ablegen musste, hat mich wirklich positiv überrascht! Wieso hatte ich vorher noch nie wirklich von dieser wunderschönen Stadt gehört? Ich erinnere mich noch an die bezaubernde Altstadt, an die Pizzerien, Cafés und Kneipen, in denen man im gemütlichen Abendlicht direkt am Wasser essen und trinken konnte.
Immer im Blickfeld hat man im Inneren der Stadt den Dom-Turm – gut, um sich nicht zu verlaufen. Neben den malerischen Grachten und dem verkehrsberuhigten Innenstadtbereich mit ausgefallenen Boutiquen sieht man viele schöne und interessante Gebäude, wie z.B. das Dick Bruna Huis, das Catharijneconvent, das Rietveld Schröder Huis oder auch Museen wie das Centraal Museum und das Museum Speelklok. Auch die Natur kommt in Utrecht nicht zu kurz: Den botanischen Gärten, dem Wilhelminapark oder dem Park Lepelenburg sollten Naturliebhaber unbedingt einen Besuch abstatten.

Wageningen

Zentral gelegen ist die Kleinstadt (~36.500 Einwohner) Wageningen, die vor allem für ihre auf wissenschaftliche Forschung im Bereich Landbau und Umwelt spezialisierte Universität bekannt ist. Selbst auf der offiziellen Website der Stadt wird mit dem Slogan „City of Life Science" geworben. Die Universität ist nicht nur unter den hundert besten der Welt gelistet (Times Higher Education Ranking, Platz 77 in 2013/2014), sondern auch eine der fünf Universitäten mit den meisten

Publikationen in den Themenbereichen Ernährung, Landwirtschaft, Pflanzen, Tiere und Umwelt. Wer gerne etwas in dem Bereich studieren möchte und keine Probleme mit dem Wohnen in einer Kleinstadt hat, sollte Wageningen in jedem Fall in Betracht ziehen. Auch in den Niederlanden selbst wurde die Uni immer wieder zur besten gewählt – das soll schon was heißen! Auf einen Dozenten kommen nur zehn Studenten, somit geht man garantiert nicht in der Masse unter und kann optimal betreut werden.
Leider ist auch die Wohnungssuche in den letzten Jahren etwas schwieriger geworden, es gibt jedoch einige Studentenwohnheime, Studentenhäuser im Stadtzentrum und natürlich private Wohnungs- und Zimmerangebote. Wer dabei gar kein Glück hat, kann auch im etwa 20 Minuten entfernten Arnheim (Arnhem) auf die Suche gehen. Man findet in der Stadt mit Wurzeln, die bis in 12. Jahrhundert zurückgehen, mittlerweile nur noch wenig Industrie, dafür aber kommerzielle und wissenschaftliche Dienstleistungen.

Zwolle

Etwa 60 km entfernt von der Grenze zu Deutschland gelegen lädt die Hansestadt mit 120.000 Einwohnern und mittelalterlicher Altstadtzentrum jedes Wochenende viele Deutsche zum Shoppingbummel ein. Viele schöne Parks, das 600-jährige Sassenpoort (Stadttor), Museen, Kirchen (besonders die St. Michaelis-Kirche im gotischen Stil) und ein Kloster sind ebenfalls sehenswert. Desweiteren sollte man das Wahrzeichen der Stadt, den Turm „Peperbus“ („Pfefferbüchse“) der Liebfrauenkirche („Basiliek Onze Lieve Vrouw ten Hemelopneming“) aus dem 14./15. Jahrhundert, erklimmen, um einen tollen Ausblick über die ganze Stadt zu haben.
Ein Geheimtipp ist außerdem der Buchladen „Waanders“, der sich in der Broerenkerk (Brüderkirche) befindet. Ist man schon mal in Zwolle, sollte man sich auch regionale Spezialitäten wie den Zwoller Pfefferturmkäse (peperbuskaas) und die Zwoller Blaufingerküchlein (Blauwvingerkoekjes) nicht entgehen lassen.

Politik

Regierung

Seit dem 30. April 2013 ist das Staatsoberhaupt der König Willem-Alexander aus dem Hause Oranien-Nassau. Neben ihm gehören der Regierung auch noch Minister an. Das Kabinett (bzw. Ministerrat), bestehend aus Ministern, dem Ministerpräsidenten und Staatssekretären (jedoch nicht dem König), wird benannt nach dem aktuellen Ministerpräsidenten, z.B. Kabinett Rutte. Der Name wird ergänzt durch eine römische Ziffer, regiert der Ministerpräsident länger als eine Wahlperiode. Verantwortlich ist das Kabinett u.a. für Rechtsvorschriften (Vorbereitung, Vollzug), sowie für die Pflege von internationalen Beziehungen.

Das Parlament, auch Generalstaaten genannt, besteht aus zwei Kammern. Die Zweite Kammer ist hierbei vergleichbar mit dem Bundestag und wird alle vier Jahre nach dem Verhältniswahlrecht neugewählt – ohne „Fünf-Prozent-Klausel", sondern mit einer Mindestzahl an Stimmen, die eine Partei zur Erlangung eines Mandats erhalten muss.
Die erste Kammer wird von den Landtagen der Provinzen gewählt und hat ein Zustimmungs- oder Vetorecht gegenüber der Zweiten Kammer.

Der Staatsrat (Raad van state), mit dem König als Vorsitzenden, besteht aus maximal 28 Mitgliedern (vor allem Juristen), prüft Gesetzesvorlagen inhaltlich und juristisch und berät das Parlament in Rechtssetzungs- und Verwaltungsangelegenheiten. Auch fungiert der Staatsrat als höchstes Verwaltungsgericht.

Das Gericht im Nachbarland ist ähnlich der deutschen Gerichtsstruktur aufgebaut, jedoch sind Amtsgerichte in die Landgerichte integriert. Zudem besteht nur ein oberstes Gericht (Hoge Raad in Den Haag) und keine Sondergerichtsbarkeit für z.B. Arbeits- und Sozialrecht.
Bis vor Kurzem bestand das Königreich aus drei gleichberechtigten autnomen Teilen: Niederlande, Aruba und die niederländischen Antillen. Dies wurde unlängst neu gegliedert in die Niederlande (plus Bonaire, St. Eustatius, Saba), Curaçao, Aruba und Sint Maarten.

Innenpolitik

Die Innenpolitik wird vor allem durch Umsetzung der Koalitionsvereinbarungen bestimmt. Die Koalition befindet sich hier seit den Wahlen 2012 im Spannungsverhältnis zwischen der sozialdemokratischen PvdA und der konservativliberalen VVD, auch vorher waren jedoch Koalitionsregierungen bestehend aus mehreren Parteien üblich. Wegen der knappen Mehrheit der VVD gegenüber der PvdA, und weil der Spitzenkandidat der VVD Mark Rutte ist, wird die Regierung z.Zt. auch „Kabinett-Rutte" genannt.
Das Regierungsprogramm des Kabinetts sieht vor, den Haushalt bis 2017 um 16 Mrd. Euro zu entlasten, z.B. auch durch Reformen im Wohnungs-, Sozial- und Arbeitsbereich. Auch die Eurozonenkrise, Probleme im Immobiliensektor und eine steigende Arbeitslosigkeit stehen im Fokus.

Das Regierungsprogramm des Kabinetts sieht zudem vor, mit Sparmaßnahmen im Wohnungs-, Sozial- und Arbeitsbereich bis 2017 etwa 16 Mrd. Euro einzusparen. Dass hierdurch Einschränkungen im Lebensstandard zu erwarten sind, wird von der Bevölkerung verständlicherweise mit Unmut quittiert.

Außenpolitik

Noch immer zeigen sich die Verbindungen der Niederlande zu seinen ehemaligen Kolonien (Indonesien, Surinam) in einem ausgeprägten transatlantischen Verhältnis. Zudem ist eine aktive Mitgliedschaft in der EU (Die Niederlande sind hier auch Gründungsmitglied), den vereinigten Nationen, der NATO und OSZE (Organisation für Sicherheit und Zusammenarbeit in Europa) wichtiger Grundstein der niederländischen Außenpolitik. Auch in der Bekämpfung der EU-Finanz- und Wirtschaftskrise, sowie anderen europäischen Zielen wie Arbeit, Energie, Sicherheit und Forschung liegt ein Schwerpunkt der niederländischen Interessen.

Sie sind in die Stärkung der Menschenrechte und der internationalen Rechtsordnung, aber auch im Außenhandel, Klimaschutz, Abrüstungsbereich, Sicherheit und in der Hilfe in Post-Konfliktgebieten involviert.
In der Regierungshauptstadt Den Haag liegen die Sitze diverser internationaler Gerichte und Organisationen (z.B. Organisation für das Verbot chemischer Waffen, OPCW).

Besonders im Bereich der Sicherheits- und Verteidigungspolitik besteht eine enge Zusammenarbeit mit Deutschland; z.B. bei gemeinsamen Rüstungsprojekten oder im deutsch-niederländischen Korpsstab in Münster. Im Mai 2013 wurde in der "Declaration of Intent" der Grundstein für weitere Kooperationen im Bereich der Streitkräfte gelegt.

Alle zwei Jahre findet ein Deutsch-Niederländisches Forum zu Themen aus dem politischen, wirtschaftlichen und zivilgesellschaftlichen Bereich beider Länder statt. Im Katastrophenschutz sind Abkommen zwischen zahlreichen Grenzstädten getroffen, bei denen man einander im Krisenfall aushilft.
Ein jahrzehntelanger Grenzstreit zwischen den Niederlanden und Deutschland ist beigelegt, was als Zeichen noch besserer und engerer Zusammenarbeit, gerade in internationalen Angelegenheiten, angesehen wird.

Königshaus

Die Königsfamilie wird in den Niederlanden meist in höchsten Tönen gelobt und ist sehr beliebt. König Willem-Alexander (studierter Historiker und Militärexperte) und Königin Máxima (offiziell Prinzessin, da selbst kein Staatsoberhaupt) bilden laut Bevölkerung ein sehr gutes Team, auch wenn bezüglich der argentini-

schen Finanzexpertin anfangs Zweifel bestanden, da ihr Vater während der Junta-Diktatur Minister in Argentinien war.
Máxima hat ihre Position mittlerweile so gut behauptet, dass das Parlament ihr einstimmig die Führung anvertrauen würde, sollte Willem-Alexander vor der Volljährigkeit von Konprinzessin Amalia sterben.

Bildungspolitik

Mit fast 31 Milliarden Euro im letzten Haushaltsjahr stand dem Ministerium für Bildung, Kultur und Wissenschaft der größte Einzelposten des niederländischen Gesamthaushalts (über 34 Mrd. Euro) zur Verfügung. Die Bildungsfreiheit erlaubt hierbei die Einrichtung von Schulen verschiedenster religiöser und pädagogischer Überzeugungen.
Wie im Kapitel über das Studium beschrieben, sind die Studienabschlüsse mit Bachelor, Master und PhD an die Vereinbarungen des Bologna-Prozess angepasst. Die Studiengebühren werden jährlich leicht erhöht und betragen im laufenden Studienjahr rund 2000 Euro. Fast 700.000 Studenten sind an Universitäten und Fachhochschulen eingeschrieben, davon etwa 80.000 aus dem Ausland.

Parteien

Z.Zt. bilden die Sozialdemokraten (Partij van de Arbeid, PvdA) und Rechtsliberalen (Volkspartij voor Vrijheid en Democratie, VVD) die Regierung. Die VVD steht der EU mit deutlich kritischerem Blick gegenüber als der Regierungspartner PvdA, somit ist hier eine Zusammenarbeit nicht immer einfach. Die dritte große Partei ist die christdemokratische „Christen Democratisch Appèl" CDA.

Die Partij voor de Vrijheid (PVV), mit Geert Wilders als einzigem Mitglied, sorgt mit extremen Meinungen immer wieder für Kritik. Weitere Parteien sind z.B. die Socialistische Partij (SP), Democraten 66 (D66), Partij voor de Dieren (PVdD), 50Plus (50+), Staatkundig Gereformeerde Partij (SGP), ChristenUnie (CU), GroenLinks (GL) und Onafhankelijke Senaatsfractie (OSF).
Ab 18 Jahren sowie ab einem legalen Aufenthalt von mind. fünf Jahren in den Niederlanden ist man wahlberechtigt.

Einwanderung

Wie auch bei uns wurde unlängst der Arbeitsmarkt weiter geöffnet. Laut Umfragen des Sociaal en Cultureel Planbureau (SCP) beunruhigt dies rund 60% der niederländischen Bevölkerung, vor allem bezüglich möglichem Sozialbetrug, dem Verlust von Arbeitsplätzen, steigender Kriminalität und dem Sinken der

Löhne. Diese Ängste sind laut SCP vor allem auf die Einwanderungen der Gastarbeiter (besonders türkischer und marokkanischer Nationalität) in den 60er und 70er Jahren, die kaum Integration in die Gesellschaft erfahren haben, zurückzuführen.

Auch wenn etwa 30 Prozent der erwerbstätigen Bevölkerung aus Rumänien und Bulgarien im europäischen Ausland arbeitet, sind die Ängste nicht unbedingt begründet: Statistisch gesehen trägt jeder osteuroäische Gastarbeiter pro Jahr rund 1.800 Euro zum niederländischen Staatshaushalt bei. Ein Großteil geht einer geregelten Arbeit nach und nur äußerst selten wird Sozialhilfe in Anspruch genommen. Leider ist es dennoch Fakt, dass viele osteuropäische Arbeitnehmer weniger verdienen als Niederländer, wobei die Arbeitgeber damit gegen Tarifabsprachen verstoßen.

Gerade Einwanderer aus Bulgarien leben und arbeiten in wesentlich schlechteren Verhältnissen als die meisten Einheimischen, auch wenn ihr Einkommen um ein Vielfaches höher liegt als das in Bulgarien. Wird die gesellschaftliche Ausgrenzung nicht verringert, wird man auf lange Sicht mit Problemen zu kämpfen haben. In Rotterdam z.B. besteht bereits eine Ghettoisierung von Einwanderergruppen.

Auch das Thema Asylpolitik wird heiß diskutiert. Z.Zt. sei der Zustrom an Asylbewerbern, vor allem aus Eritrea und Syrien, so hoch, dass diese notfalls sogar auf Booten und in Zelten untergebracht werden müssen, so die Meinung des niederländischen Staatssekretäres für Sicherheit und Justiz Fred Teeven (VVD).

PRAKTISCHES

Arbeitswelt

Trotz der geographischen Nähe unterscheidet sich die Arbeitswelt teilweise erheblich von der unsrigen. Auch hier sind es oft die kleinen Feinheiten, die den Unterschied machen. Die in Kapitel „Land und Leute“ bereits erwähnte Bescheidenheit z.B. trägt dazu bei, dass Chefs ihre Autorität längst nicht so deutlich zeigen wie bei uns. Es wird vielmehr in ausgedehnten Meetings (Vergaderingen) gemeinsam beschlossen, was zu tun ist – ohne, dass ein Einzelner eine Entscheidung fällt, die dann auf Biegen und Brechen durchgesetzt werden muss. Gern darf jeder (!) dann im Meeting seine Meinung zu Problemen oder Projekten äußern, wobei gemeinsam Lösungen überlegt werden. Mit Augenzwinkern wird über die niederländische Berufswelt auch gern als „Vergadercultuur“ oder sogar „Heroverwegingscultuur“(von „Heroverwegen“ = erneutes Erwägen) gesprochen, in der Entscheidungen oft nach langen Diskussionen, Hin- und Herüberlegen beschlossen werden, nur um sie dann später erneut umzuwerfen. „Vergadering“ hat übrigens etwas mit dem deutschen „vergattern“ zu tun, also dem einpferchen mittels eines Gatters, im Englisch „to gather“. Passt ganz gut auf das, was es hier ist.

Hier sind die Niederländer besonders stolz auf ihre Flexibilität: Wenn sich bei uns eine Entscheidung, die dann weniger gut funktioniert als erwartet, eher als Fehler entpuppt, haben unsere Nachbarn kein Problem mit einem erneuten Umdenken und einem Anpassen des Plans – ohne dies als Scheitern anzusehen.

Dass der Chef seine Führungsposition nicht auf überlegene Art und Weise präsentieren möchte, kann man nicht nur im Umgang mit Sekretärinnen und anderen Mitarbeitern sehen, sondern es kann durchaus passieren, dass er selbst aufsteht und Kaffee anbietet.

Ich war zudem sehr überrascht, als mein Chef mich in meinem Studentennebenjob nach nur zwei Tagen Einarbeitung zu einem Meeting nach England schicken wollte, da in einer Kundendatenbank grundlegende Überarbeitungen notwendig seien. Er fragte mich dann nach kurzer Schilderung des Problems, was meine Ideen hierzu seien und ließ mir fast völlige Entscheidungsfreiheit bei weiteren Maßnahmen.

Auch der Mentalität zuzuordnen ist es, dass man bei uns eher alles „in trockenen Tüchern“, organisiert und durchplant haben möchte, während es im Nachbarland eher heißt, man werde schon irgendwie eine Lösung finden. „Komt wel goed“

(wird schon werden) ist hierzu mein Lieblingszitat, welches man regelmäßig in Studium, Beruf und im Alltag hört.

Ein weiterer Unterschied ist die Krankmeldung: Fühlt man sich einmal nicht in der Lage, zur Arbeit zu erscheinen, ruft man einfach direkt den Arbeitgeber an und meldet sich krank, ohne dass eine offizielle Krankmeldung vom Arzt benötigt werden würde. Bei uns ist man dagegen gesetzlich verpflichtet, sich spätestens nach drei Tagen eine Bescheinigung vom Arzt zu besorgen, je nach Arbeitsvertrag eventuell sogar selbentags. Hat man einmal einen richtig schlechten Tag – einen sogenannten „baaldag" (von „balen" = „Null Bock) – kann man je nach Arbeitgeber auch einen Urlaubstag spontan in Anspruch nehmen, in dem Fall „snipperdag" („Schnipseltag") genannt.

Ein großer Unterschied ist mir diesbezüglich aufgefallen: Während sich bei uns viele eher schuldig fühlen, wenn sie krank zu Hause bleiben und viele Arbeitgeber sogar zu erwarten scheinen, dass man sich auch mit grippalem Infekt und Co. zur Arbeit schleppt, wird man in den Niederlanden sogar vom Chef dazu gedrängt, sich auch richtig auszukurieren und zu schonen, bis man wieder gesund ist. Es wird auch eher das Argument gebracht, dass man so ja keine Kollegen anstecken kann.

Ist der Arbeitnehmer voraussichtlich länger krank, bekommt er meist in der ersten Woche Besuch von einem Mitarbeiter des „arbodienstes" (arbo = arbeidsomstandigheden = „Arbeitsumstände"), der den Fall dann genauer prüft und einen ggf. zum Betriebsarzt überweist. Bei diesem muss man sich nach spätestens zwei Wochen Krankheit in jedem Fall melden. Wie den Seiten des arbodienstes zu entnehmen ist, wird ein kranker Arbeitnehmer übrigens anders als bei uns bei Krankheit in der Regel ganze zwei Jahre weiterbezahlt, mit einer Lohnminderung erst nach über einem Jahr. Die Kosten hierfür werden im ersten Jahr zu 70% vom Staat („ziektewet" = Krankenversicherungsgesetz) übernommen, zu 30% vom Arbeitgeber. Im zweiten Jahr ist der Arbeitgeberanteil dann freiwillig, sodass man immerhin noch mindestens 70% erhält. Geregelt wird der Arbeitgeberanteil im Tarifvertrag, abgekürzt CAO (collectieve arbeidsovereen-komst).

Auch direkt im Arbeitsalltag werden einem früher oder später einige Unterschiede auffallen. Gerade Arbeitsabläufe werden häufig flexibler angepasst an aktuelle Bedürfnisse, moderne Trends (wie Smartphone- und Tabletnutzung) werden schneller angenommen, und z.B. auch ein papierloses Büro wird bei unseren Nachbarn eher genutzt als bei uns.

Wie im Abschnitt „BSN – Burgerservicenummer" erwähnt, muss man vor Arbeitsantritt beim Finanzamt eine Nummer für Steuer- und Sozialversicherungsangelegenheiten beantragen. Gesetzlich vorgeschrieben sind nur zwanzig Urlaubstage, und auch die Bruttolöhne liegen oft niederiger als bei uns, jedoch sind die Verträge oft flexibler. So erhält man meist Weihnachts- und Urlaubsgeld, mehr als die gesetzlich vorgeschriebenen Urlaubstage, und durch die geringeren

Steuerabgaben bleibt am Ende fast der gleiche oder sogar ein höherer Nettolohn übrig als bei uns. Annehmlichkeiten wie Teilzeitarbeit (auf die sogar gesetzlicher Anspruch besteht), Arbeit von zu Hause aus oder z.B. mittwochnachmittags der Kinder wegen freibekommen sind viel seltener ein Problem als bei uns.
Wird man entlassen oder muss die Firma Insolvenz anmelden, erhält man Arbeitslosengeld – „uitkering“ genannt – vom UWV (Uitvoeringsinstituut Werknemersverzekeringen). Auch für die Beiträge zur Krankenversicherung nach Ende des Arbeitsvertrages ist die UWV verantwortlich. Der UWV WERKbedrijf, das niederländische Arbeitsamt, kann bei der Suche nach einem neuen Arbeitsplatz behilflich sein. Informationen auf Deutsch auf der Website der UWV.

Hat man außerhalb der Niederlande einen Abschluss erworben und möchte diesen anerkennen lassen, kann man sich an die Nuffic und SBB (ehemals Colo) wenden. Hier kann man sich die Gleichwertigkeit des Diploms bescheinigen lassen, sofern dies benötigt ist.

Gerade für Unverheiratete in Grenznähe ist eine Erwerbstätigkeit in den Niederlanden und (günstigeres) Wohnen in Deutschland steuerlich interessant. Auch verheiratete, höher ausgebildete Deutsche können unter Umständen von der sogenannten „30% Regelung“ profitieren, bei der 30% des Gehaltes maximal 10 Jahre lang steuerfrei ausgezahlt werden – bei einem Bruttolohn von 3600 Euro monatlich würden somit im Monat um die 500 Euro mehr ausgezahlt.

Gesucht werden Arbeitskräfte vor allem in der Bauindustrie, im Hotel- und Gaststättenbereich, im Gesundheitswesen und in der Bildung. Hierbei wird man bei einer niederländischen Krankenversicherung versichert und zahlt auch Steuern und Sozialversicherung an die Niederlande. Bei der EURES erhält man in regelmäßig aktualisierten Broschüren umfangreiche Informationen zu den rechtlichen Grundlagen.
Möchte man in die Niederlande umziehen, registriert man sich als EU-Bürger bei der niederländischen Fremdenpolizei (vreemdelingenpolitie) gleich nach der Einreise. Nach drei Monaten Aufenthalt benötigt man eine Aufenthaltsgenehmigung, die man mit gültigem Ausweis sowie Arbeits- und Meldebescheinigung erhält.

Ein großartiges Wörterbuch mit etwa 5000 Begriffen rund um das Thema Arbeit und Ausbildung wurde von Gerd Busse und Renie Hesseling zusammengestellt und kann kostenlos heruntergeladen werden:
http://www.het-bureau.eu/dokumente/wb_berufsbildung_arbeitsmarkt.pdf
Auf der Seite www.euregio-info.de findet man zudem eine hilfreiche Linksammlung zu allem, was man rund um das Thema „Arbeiten in den Niederlanden“ wissen und beachten muss.

Arztbesuch

siehe auch Abschnitt Versicherung
Wer einen Arzt aufsuchen will, kann sich einfach im Telefonbuch oder Internet einen beliebigen Arzt raussuchen. Allerdings erfährt man erst nach einem Anruf, ob man als Patient aufgenommen werden kann, oder ob die Praxis schon voll ist und man sich an einen Kollegen wenden muss. Um Missverständnisse zu vermeiden, meldet man sich beim Arzt übrigens oft erst mit seinem Geburtsdatum, bevor man den Namen noch zur Kontrolle durchgibt.

Die Hausärzte übernehmen in der Regel mehr Aufgaben als bei uns und werden hierfür auch umfassend ausgebildet. Zum Spezialisten wird man nur überwiesen, wenn der Hausarzt auch nicht mehr helfen kann, aber z.B. Untersuchungen wie gynäkologische Kontrollen (oder sogar das Einsetzen einer Spirale) werden oft auch vom Hausarzt übernommen.

In den Niederlanden werden die meisten Kinder im eigenen Haus geboren (s. Abschnitt Hausgeburt). Viele Menschen sterben zudem in den eigenen vier Wänden und nicht im Krankenhaus, und können hierbei sogar zu Hause betreut werden. „Thuiszorg“ wird allgemein diese Art der Betreuung und Verpflegung genannt.

Hausbesuche sind also auch wesentlich üblicher als in den deutschsprachigen Ländern. Unabhängig vom normalen Hausarzt ist – wie bei uns auch – der Zahnarzt, den man auch ohne Überweisung aufsuchen kann.

Die meisten Spezialisten haben keine eigene Praxis, sondern arbeiten direkt im Krankenhaus. Einige schließen sich auch mit anderen Fachärzten zusammen und führen eine Gemeinschaftspraxis.
Häufig wird man, gerade im Krankenhaus bei stationären Aufenthalten, auch mal von Co-Assistenten behandelt. Diese befinden sich noch in der Ausbildung, werden aber von einem Facharzt und vom Assistenten betreut. Fühlt man sich jedoch nicht sicher beraten und behandelt, sollte man unbedingt nachfragen, sodass auch die fertig ausgebildeten Ärzte zu Rate gezogen werden.

Automitnahme

Wer sein Auto bei einem Umzug mitnehmen möchte, muss das Fahrzeug bei folgender Stelle zulassen:

RDW
Sandersweg 45, 6219 NW Maastricht
Tel.: 0031-4332-14625, www.rdw.nl

Ist das Fahrzeug in den Niederlanden korrekt zugelassen, muss es daheim abgemeldet werden. Bei einem Pkw ist hierzu auch eine Erklärung über den Verbleib des Fahrzeuges direkt vor Ort auszufüllen. Am Schalter sind zudem noch der Fahrzeugbrief, Fahrzeugschein sowie die Kennzeichenschilder vorzulegen. In der Regel wird die Abmeldung deutscher Fahrzeuge vom RDW an das Straßenverkehrsamt Aachen weitergeleitet.

Bankkonto

Identifier

Die Wahl besteht zwischen ABN Amro, Frieslandbank, Postbank, Rabobank, oder SNS Bank, um nur einige Banken zu nennen. Die meisten haben kostenlose Studentenkonten, die alles bieten, was das Herz begehrt! Ein Konto hier ist empfehlenswert wenn man einen (Neben-)Job annehmen möchte, und auch das Collegegeld (Studiengebühren) kann man in den meisten Fällen nur von einem niederländischen Konto automatisch abbuchen lassen.
Im Gegensatz vielen anderen europäischen Ländern ist es übrigens kein Problem, bei allen Geldautomaten Geld abzuheben, egal bei welcher Bank man ein Konto führt. Gebühren fallen keine an. Man kann jedoch, wenn es sich nicht um die eigene Bank handelt, nur einmal pro Tag Geld abheben („pinnen").

Mit ausländischen EC Karten kann man meist auch in den Niederlanden ohne Probleme bezahlen. Ist das Cirrus-Logo (mit den zwei blauen Kreisen) auf der Karte abgebildet, kann man, ggf. jedoch nur einmal pro Tag, an allen Geldautomaten Geld abheben.

An einigen Automaten geht dies auch mit PLUS-Logo, EDC-, EC- und Maestro-Logo – einfach die Karte und die Symbole am Automaten vergleichen. Auch mit den meisten Kreditkarten kann an den Geldautomaten Geld abgehoben werden. Mit Euro Travelchecks sollte man zudem in der Theorie im ganzen Land ohne Wechselgebühren zahlen können, wobei Reiseschecks wenig verbreitet sind und somit eventuell nicht akzeptiert werden. Hier ist empfohlen, sich im Zweifelsfall im Vorfeld zu informieren und zur Sicherheit trotzdem etwas Bargeld mit sich zu führen.

Beerdigungen

Statt einer Beerdigung mit Sarg und Platzreservierung auf dem Friedhof für viele Jahre wird im Nachbarland viel häufiger eine Feuerbestattung durchgeführt. Während bei uns Friedhofszwang gilt, auf dem auch die Asche verstorbener Menschen beerdigt werden muss, kann man die Asche in den Niederlanden auch mit nach Hause nehmen, im Garten begraben, auf den Kamin stellen oder im Krematorium, in besonders hierfür gebauten Räumlichkeiten, lagern lassen. Wird die Feuerbestattung in den Niederlanden durchgeführt, unterliegt diese auch dem niederländischen Gesetz, so dass man allenfalls eine Ordnungswidrigkeit, jedoch keine Straftat begeht, wenn man die Asche wieder mit nach Hause nimmt. Mittlerweile werben sogar einige grenznahe Krematorien mit diesen Freiheiten der niederländischen Feuerbestattung und ihren Deutschkenntnissen, sodass diese Art der Bestattung im Ausland immer mehr genutzt wird. Kosten von ca. 1300 Euro in Deutschland stehen ca. 650 Euro in den Niederlanden gegenüber – vorausgesetzt, man nimmt die Urne mit nach Hause und lässt sie nicht auf einem angeschlossenen Friedhof beisetzen.

Bewerbung

Bewerbungsanzeigen werden inzwischen größtenteils online geschaltet. Gute Websites für Stellenanzeigen sind z.B.
http://jobsearch.monsterboard.nl/, http://stepstone.nl und
http://werk.nl (niederländisches Arbeitsamt).

Auch Initiativbewerbungen und Vermittlungen via Zeitarbeitsfirmen sind üblich. Immer mehr werden auch Social Media Seiten für die Vergabe von Jobs benutzt; vor allem das soziale (Berufs-)Netzwerk LinkedIn ist sehr populär und vergleichbar mit dem bei uns häufiger genutzten Xing.

Bewerbungsanschreiben (sollicitatiebrief) ähneln unseren, können jedoch etwas kürzer ausfallen. Der Lebenslauf (Curriculum Vitae, CV) wird wie bei uns in Tabellenform eingereicht. Zertifikate, Zeugnisse etc. werden erst zum Bewer-

bungsgespräch mitgebracht oder auf Anfrage nachgereicht (es sei denn, es ist in der Stellenanzeige anders vermerkt). Eine Bewerbungsmappe, die in deutschsprachigen Ländern noch häufiger vorkommt, ist in den Niederlanden so nicht bekannt. Auch Bewerbungsfotos werden für gewöhnlich nicht mitgeschickt, um Chancengleichheit zu gewährleisten.
Sowieso ist das ganze Bewerbungsverfahren weniger formell, und man hat auch als Quereinsteiger mit der richtigen Motivation oft keine schlechten Chancen.

Eine englische Bewerbung ist in der Regel kein Problem, jedoch schätzen es die Niederländer natürlich, wenn man als Ausländer Niederländisch lernt und dies auch im CV vermerkt. Praktische Erfahrungen und ehrenamtliche Tätigkeiten werden sehr gerne gesehen, also unbedingt erwähnen.

In einem Bewerbungsgespräch braucht man in der Regel nicht mit seinen Leistungen in allen Details zu prahlen – vielmehr möchte der evtl. zukünftige Arbeitgeber schauen, ob die Person ins Team passen würde. Was genau man vorher gemacht hat, kann der Arbeitgeber ja dem Lebenslauf entnehmen, und er wird hier ggf. benötigte Details erfragen.

Mehr noch als bei uns kann man bei unseren Nachbarn über Bekannte, Familie und Freunde an Jobs gelangen. Es wird hier viel Wert auf gute Referenzen und Empfehlungen gelegt, sodass es von Vorteil ist, wenn man Kontakte knüpft, die einem hier weiterhelfen können.
Im Linkverzeichnis (s. Anhang) wird auf Seiten zum Thema Bewerbungstipps, -unterlagen und zur Vorbereitung auf ein Bewerbungsgespräch verwiesen.

BSN – Bürgerservicenummer

Ohne eine BSN – Bürgerservicenummer (früher Sofinummer genannt) – geht in den Niederlanden (fast) nichts. Die Sozialversicherungs- bzw. Finanzamtnummer erhält man gratis beim Finanzamt (Belastingdienst), welches nicht zwangsläufig in der Stadt sein muss, in der man dann später studiert. Ich habe die BSN ein halbes Jahr vor meinem Studium im grenznahen Almelo beantragt und bekam diese dann nach wenigen Minuten gleich mit.
Nach der BSN wird man auf jeden Fall gefragt, wenn man einen Job annehmen will und ein niederländisches Konto benötigt, aber auch bei Arztbesuchen, bei der Stadtanmeldung und allen offiziellen Geschäften vereinfacht die BSN oft so Einiges. Gerade bei Formularen im Internet kann man manchmal nicht "weiter" klicken, ohne die BSN einzugeben und da sie sowieso kostenlos ist, schadet es nicht, sie zu beantragen.

DigiID

Die DigiID ist eine eindeutige Nummer für jeden Einwohner in den Niederlanden, in etwa wie eine Personalausweisnummer, oder die Burgerservicenummer. Normalerweise kann man die DigiID erst beantragen, wenn man in die Niederlande umgezogen ist und sich beim niederländischen Einwohnermeldeamt, „Gemeentelijke Basisadministratie Persoonsgegevens (GBA)", registriert hat.

Mit der DigiID und einer Handynummer meldet man sich bei weiteren Angelegenheiten, wie z.B. nach einem Umzug, ganz einfach via Internet bei der neuen Gemeinde an und spart sich den umständlichen Besuch bei der Behörde. Sie ist natürlich wie die BSN kostenlos und kann hier beantragt werden:
https://digid.nl/aanvragen.
Man ist übrigens (noch) nicht verpflichtet, sich eine DigiID zuzulegen, allerdings erleichtert sie diverse Behördenangelegenheiten. Bei weiteren Fragen kann man sich gleich an den DigiID Helpdesk wenden, erreichbar von montags bis freitags von 8-22 Uhr unter 0800-0230 435 (kostenlos) bzw. aus dem Ausland +31 70 383 70 30 (normale Gesprächskosten aus dem Ausland), oder per Mail an info@digid.nl.

DUO-IB-Groep – Studielink

Bei der DUO-IB-Groep beantragt man nicht nur niederländisches Bafög und den Studiengebührenkredit (Collegegeldkrediet), sondern sie ist auch die zentrale Registrationsstelle für Studenten. Für alle Finanzgeschäfte benötigt man in der Regel eine DigiID (siehe Abschnitt DigiID), aber die Anmeldung zum Studium kann auch ohne durchgeführt werden – via der Website http://studielink.nl.
Die Website ist auf Niederländisch, Englisch und Deutsch verfügbar, wobei alle Schritte detailliert erklärt sind. Vom Benutzer „EduScreencasts" gibt es auf Youtube auch noch informative Anleitungsvideos (Linkverzeichnis siehe Anhang), sodass man wirklich nichts mehr bei der Registrierung und Anmeldung zu einem Studiengang falsch machen kann. Näheres im Abschnitt „Anmelden via Studielink.nl" im Kapitel „Studieren".

Führerschein

Mit dem im Heimatland gemachten Führerschein bzw. Führerausweis kann man laut EU Recht ebenfalls in den Niederlanden ein Kraftfahrzeug bedienen. Bei landwirtschaftlichen Fahrzeugen sowie Mofas können ggf. spezielle Rechte gelten. Auch wer seinen Wohnsitz ummeldet, kann seinen Führerschein dort ganz normal und ohne Umtausch 2-15 Jahre weiterbenutzen.

Hat man den Führerschein vor dem 19.Januar 2013 in einem der EU oder EVA Mitgliedstaaten erhalten, ist er 10 Jahre lang nach Meldung gültig. Ist er nach dem 19. Januar 2013 ausgestellt, hat er noch 15 Jahre Gültigkeit. Ist der Führerschein älter als 9 Jahre, darf man ihn noch mindestens 2 Jahre weiterbenutzen – gerechnet vom Tag der Einschreibung in die Gemeinde an, sofern er denn so lange noch gültig ist. Ein nicht in der EU oder EVA Mitgliedstaaten ausgestellter Führerschein kann 185 Tage lang benutzt werden und muss dann gegen einen niederländischen Führerschein getauscht werden.

Fahranfänger mit 18 erhalten 5 Jahre lang den Status „beginnende bestuurder", also Fahranfänger. Für sie gelten dann strengere Regeln als für langjährige Autofahrer, z.B. wird nach 3 (auch leichten) Verkehrsdelikten der Führerschein erst einmal für ungültig erklärt, bis die Fahrtüchtigkeit nachgewiesen wird.

Bewohner über 70 Jahre müssen alle 5 Jahre an einer ärztlichen Kontrolle („medische keuring") teilnehmen, bei der geprüft wird, ob die Person körperlich und geistig in der Lage ist, ein Fahrzeug sicher zu steuern. Hierbei werden unter anderem Blutdruck und Sehkraft getestet.

Da etwas andere Geschwindigkeitsbegrenzungen als bei uns gelten können, ist hierauf natürlich besonders zu achten. Innerorts sind zwar auch 50 km/h für Kraftfahrzeuge üblich, auf Autobahnen darf jedoch nicht schneller als 120 km/h bzw. 130 km/h, auf Bundesstraßen nicht über 100 km/h und auf allen anderen Straßen nicht über 80km/h gefahren werden. Die Promillegrenze liegt bei 0.5.
Als Pendant zum ADAC ist der „anwb" (vor 1905 „Algemene Nederlandsche Weilrijders-Bond", inzwischen „Koninklijke Nederlandse Toeristenbond ANWB") Ansprechpartner bei Fragen rund um Automobilität.

Das Auto einmal stehenlassen sollte man, wenn man aus welchem Grund auch immer in eine niederländische Innenstadt möchte. Saftige Parkpreise (die schonmal 55 Euro am Tag betragen können) und Parkplatzmangel, gefährlich nahe am Wasser gelegene Abstellmöglichkeiten und hohe Bußgelder lassen immer mehr Einwohner zum Fahrrad greifen. Bußgelder sind im Allgemeinen höher als in Deutschland (Beispiel: Handy am Steuer 40 Euro in Deutschland, 230 Euro in den Niederlanden; oder auch 180 Euro für 20km/h zu schnell fahren), also gilt auch hier: Vorsicht und immer brav an die Regeln halten!
Gerade von Seiten der Niederlande kommt starker Protest gegen die für 2016 angedachte Maut – nur für ausländische Fahrer – auf deutschen Autobahnen auf. Diese hätte wohl das Ausbleiben vieler Tages- und Wochenendtouristen sowie auf Besucher, die zum Einkaufen über die Grenze fahren, zur Folge.

Noch bis vor einigen Jahren war es für Deutsche an der Grenze günstiger, in den Niederlanden zu tanken. Dieser sogenannte „Tank-Tourismus" wurde jedoch mit steigenden Preisen stark gedämmt und hat hohe Steuereinbußen zur Folge.

Tipp: Kringloopwinkel

(Gebrauchtes)

Studenten mit knapper Kasse auf jeden Fall zu empfehlen: Die sogenannten "Kringloopwinkel". Das sind Secondhandläden, in denen man fast alles von sehr günstig bis sehr gut erhalten finden kann. Möbel, Bücher, Haushaltsgegenstände, Kleidung, Stereoanlagen, Fernseher und sogar Klaviere hab ich hier schon gesehen. Wer später wieder wegzieht und nicht alles mitnehmen kann, kann hier seine Sachen auch wieder abgeben. Da die Einnahmen der Kringloop-Winkel gerade mal für Personal und Räumlichkeiten ausreichen, bekommt man hierfür jedoch leider kein Geld.

Hausgeburten

In den Niederlanden werden viele Kinder zu Hause geboren („thuisbevalling") – immerhin etwa 25-30% (Tendenz sinkend, Anfang der 60er Jahre waren es noch ca. 70%). Eine Alternative sind zudem Geburtszentren („geboortecentrum"), die in der Regel in der Nähe eines Krankenhauses liegen und so im Falle von Komplikationen schnell fachärztliche Betreuung möglich machen. Es gab in den letzten Jahren viele kritische Stimmen, die Argumente gegen die Hausgeburt bringen, so z.B. eine höhere Kindersterblichkeit. Diese ist jedoch laut verschiedenen Quellen nicht auf die Hausgeburt zurückzuführen, und es entstehen bei guter Planung oft weniger Komplikationen als bei Geburten im Krankenhaus.
Nach der Geburt ist es üblich, runden Zwieback (beschuit), der mit rosa oder blauen Streuseln („Muisjes" = Mäuschen) bedeckt ist, bei der Arbeit, in der Familie, bei Nachbarn und Bekannten anzubieten. Diese Tradition ergibt sogar einen Sinn: Anissamen in den Muisjes sollen angeblich die Milchbildung bei der Mutter fördern.

Hochzeiten und eingetragene Partnerschaft

Hochzeiten sind größtenteils vergleichbar mit denen bei uns und völlig abhängig von dem jeweiligen Brautpaar. Manche Paare heiraten kirchlich, pompös und in Weiß, andere ganz schlicht und in kleinem Kreis. Es ist üblich, auch Kollegen und z.B. Vereinsmitglieder einzuladen. Sich im Vorfeld erst noch zu Verloben ist nicht mehr gebäuchlich.

In jeder Gemeinde ist seit Ende der Achziger kostenloses Heiraten möglich. Die Hochzeit findet dann in einem schlichten Empfangszimmer statt und nicht in einem prunkvollen Hochzeitssaal. Für die kostenlose Trauung ist in kleinen Gemeinden ein bestimmter Termin pro Woche vorgesehen, in Gemeinden mit mehr als 10.000 Einwohnern kann man zwischen zwei Terminen pro Woche wählen.

Statt einer traditionellen Hochzeit in Weiß wählen vor allem junge Paare mittlerweile auch oft die seit 1998 gültige eingetragene Partnerschaft („geregistreerd partnerschap "), die verglichen mit einer Ehe vor dem Gesetz fast keine Unterschiede aufweist. Mann und Frau, oder auch zwei Männer oder zwei Frauen, können sich hier beim „ambtenaar van de burgerlijke stand" am Wohnort eines der beiden Partner eintragen lassen. Bei dem Termin ist wie bei einer Hochzeit auch die Anwesenheit von 2-4 Zeugen Pflicht. Die Registrierung an sich ist kostenlos, jedoch gelten für die Unterlagen bestimmte Tarife.
Ein Unterschied der eingetragenen Partnerschaft verglichen mit der Hochzeit war der, dass hier das Kind solange nur die Mutter als gesetzlichen Elternteil hatte, bis der Partner die Vaterschaft offiziell anerkannt hat. Sofern die registrierte Partnerschaft bei der Geburt des Kindes schon besteht, ist dies mittlerweile auch der Hochzeit angepasst, bei der dem Kind automatisch beide Partner als Elternteile zugewiesen werden, selbst wenn der Vater nicht der leibliche sein sollte.

Auch in diesem Bereich zeigen die Niederländer wieder ihre tolerante Haltung: Als erstes Land der Welt haben sie die gleichgeschlechtliche Eheschließung 2001 erlaubt. Für Frauen in gleichgeschlechtlichen Beziehungen ist es seit Neuestem nicht mehr notwendig, das Kind der Partnerin zu adoptieren. Auf unbürokratische Weise kann sie sich als Elternteil eintragen lassen. Für Männer gilt dies (noch) nicht. Außerdem können gleichgeschlechtliche Paare bislang nur niederländische Kinder adoptieren – so wird sichergestellt, dass kein Konflikt mit anderen Ländern auftritt.

Kinderbetreuung

Die Betreuung von kleinen Kindern („Kinderopvang") hat einen ausgezeichneten Ruf und beginnt häufig schon vor ihrem ersten Lebensjahr. Sie ist vor allem dazu gedacht, den Eltern einen schnellen Wiedereinstieg ins Berufsleben zu ermöglichen und hat einen etwas weniger großen Stellenwert als Lern- und Erziehungsinstanz.

Ein komplettes Jahr Auszeit vom Job wie bei uns gibt es standardmäßig nicht. Insgesamt hat die Mutter gerade einmal 16 Wochen frei, die auf die Zeit vor und nach der Geburt (bevalling) eingeteilt werden. Diese Periode wird „zwangerschapsverlof en bevallingsverlof" genannt. Frühestens 6 Wochen und spätestens 4 Wochen vor dem berechneten Geburtstermin wird der „zwangerschapsverlof" begonnen und man kann freinehmen. Beginnt man später, wird die Periode angerechnet auf den „bevallingsverlof", bis man auf insgesamt 16 Wochen kommt. Dies kann etwas komplizierter werden, wenn der berechnete Geburtstermin nicht der tatsächliche Geburtstermin wird: Hat man z.B. als „zwangerschapsverlof" 4 Wochen angegeben, bekommt das Kind jedoch erst 2 Wochen nach dem berechneten Termin, hat man trotzdem noch 12 Wochen „bevallingsverlof" und kommt somit insgesamt auf 18 freie Wochen. Möchte oder muss man (z.B. aus finanziellen Gründen) schon wieder eher arbeiten, kann man den „bevallingsverlof" auf ein gesetzliches Minimum von 6 Wochen reduzieren.

Wer trotzdem noch mehr Zeit mit dem Kind zu Hause bleiben möchte, der sollte sich nach dem „Ouderschapsverlof" erkundigen. Diesen kann man beantragen, wenn man mind. 1 Jahr lang bei seinem jetzigen Arbeitgeber angestellt ist und ein Kind von unter 8 Jahren hat. Berechnet wird die maximale „Ouderschapsverlof"-Zeit, indem man seine wöchentliche Arbeitszeit mal 26 nimmt, was meist etwa ein halbes Jahr ergibt. Viele Mütter wählen statt einem halben Jahr komplett frei die Option, ein Jahr lang die Hälfte zu arbeiten. Andere Regelungen können häufig nach Absprache mit dem Arbeitnehmer gefunden werden. Ist man selbständig oder arbeitslos, wendet man sich an den UWV, der auch für das Arbeitslosengeld zuständig ist.

Für die Betreuung der Kinder nach dem „bevallingsverlof" gibt es verschiedene Möglichkeiten – viele aus privater statt kommunaler Hand: Neben dem „kinderdagverblijf" – Kindertagesstätten mit ganztägiger Betreuung – ist es außerdem möglich, die Kinder zu einer Kleinkinderspielgruppe oder zu einem „gastouderopvang"(Gastelternbetreuung) zu bringen, bei dem ausgebildete Betreuer Kinder halbtags oder ganztags zu Hause aufnehmen. Gehen die Kinder bereits halbtags zur Schule, können sie für den Nachmittag im „buitenschoolse opvang" (außerschulischer Betreuung) unterkommen. Opvang wird zwar übersetzt mit „Betreuung", es ist jedoch umgangssprachlich auch der Ort gemeint, an dem die Kinder betreuut werden. Einige Eltern nutzen auch gemischte Formen der Kinderbetreuung, z.B. bringen sie die Kinder 3 Tage in der Woche zu einem kinderopvang und 2 Tage zu den Großeltern. Die monatlichen Kosten für die Betreuung sind nicht gerade gering: Etwa 2-3,50€ netto pro Stunde fallen an, wobei die Kindertagesstätten die günstigste und die Gastelternbetreuung die teuerste Möglichkeit sind. Es lässt sich jedoch beim Staat ein sogenannter „kinderopvangtoeslag" beantragen, der – einkommensabhängig – einen Teil der Kosten erstattet. Selbst der Arbeitgeber wird vom Staat dazu angehalten, 1/6 des Betreuungsgeldes zu finanzieren.

Die zuständige Gemeinde kann über alle vorhandenen lokalen Betreuungsmöglichkeiten informieren.
Einen interessanten Artikel über die Unterschiede in der Kinderbetreuung findet man auf den Niederlande-Wissen Seiten der Universität Münster (Linkverzeichnis siehe Anhang).

Das Kindergeld („Kinderbijslag") fällt geringer aus als bei uns.
Von Geburt bis zu 5 Jahre, werden pro Quartal knapp 200 € gezahlt, zwischen 6 und 11 Jahren rund 240 € und zwischen 12 bis 17 Jahren 273,78 €

Es gibt eine Vielzahl an öffentlichen und privaten Schulen jeder Glaubens- und Erziehungsrichtung bei freier Schulwahl. Auch ein Wechsel der Schule ist kein Problem. Ab dem 4. Lebensjahr können, ab dem 5. Lebensjahr müssen Kinder bereits zur kostenlosen „Basisschool" (Grundschule) gehen.
Wohnt man im Grenzbereich dicht zu Deutschland und möchte sein Kind auf eine deutsche Schule schicken, kann man bei der niederländischen Gemeinde eine Freistellung von der Schulpflicht beantragen.
Näheres zur Schule im übernächsten Abschnitt „Schulsystem".

Marktplaats

Gerade frisch umgezogen und es fehlt noch etwas? Schaut mal auf www.marktplaats.nl!
Wie bei eBay oder eBay Kleinanzeigen verkaufen hier viele Privatpersonen einfach alles, was man sich wünschen kann. Oft für Selbstabholer, oder gegen Aufpreis mit Lieferung. Für Möbel, Fahrräder, Technik, Bücher,... eigentlich für alles kann man hier vorbeischauen. Bei Wohnungen und beim Verkauf, für den keine Gebühren anfallen, sollte man jedoch aufpassen: Falls einem – gerade für Handys, Notebooks etc. – ein unglaublich hohes und verlockendes Angebot gemacht wird, ist hier oft Betrug im Spiel. Daher: Keinesfalls im Vorfeld Geld überweisen, sondern auf Barzahlung bei Abholung bestehen.

Schulsystem

Mit 4 bis spätestens 5 Jahren werden Kinder auf die Basisschool (Grundschule) geschickt. Diese wird in der Regel bis zum 12. Lebensjahr besucht, bevor es dann nach einem zentralen Test und einer „brugklas " (Übergangsklasse) auf eine der weiterführenden Schulen geht.
Während des Studiums kommt man vermutlich dem ein oder anderen Begriff aus dem niederländischen Schulsystem dieser weiterführenden Schulen entgegen, den man erst einmal nicht einordnen kann. Es gibt z.B. VWO-Instromer, HAVO, MAVO, MBO, oder auch VMBO. Diese Begriffe werden im Folgenden kurz erklärt:

VMBO (4 Jahre) = voorbereidend middelbaar beroepsonderwijs
VMBO ist unterteilt in:
theoretischer Lehrweg und
praktischer Lehrweg
Diese Schulform bereitet vor allem auf MBO vor; viele streben hiernach aber auch den HAVO Abschluß an.

HAVO (5 Jahre) = hoger algemeen voortgezet onderwijs

Allgemeine Sekundarbildung, die sich in sogenannte Profile (Fachpakete, z.B. „Natur und Gesundheit") gliedert. Die HAVO bietet Vorbereitung auf den HBO-Abschluß (hoger beroepsonderwijs = „höhere Berufsausbildung"), mit dem man an einer Fachhochschule studieren kann.

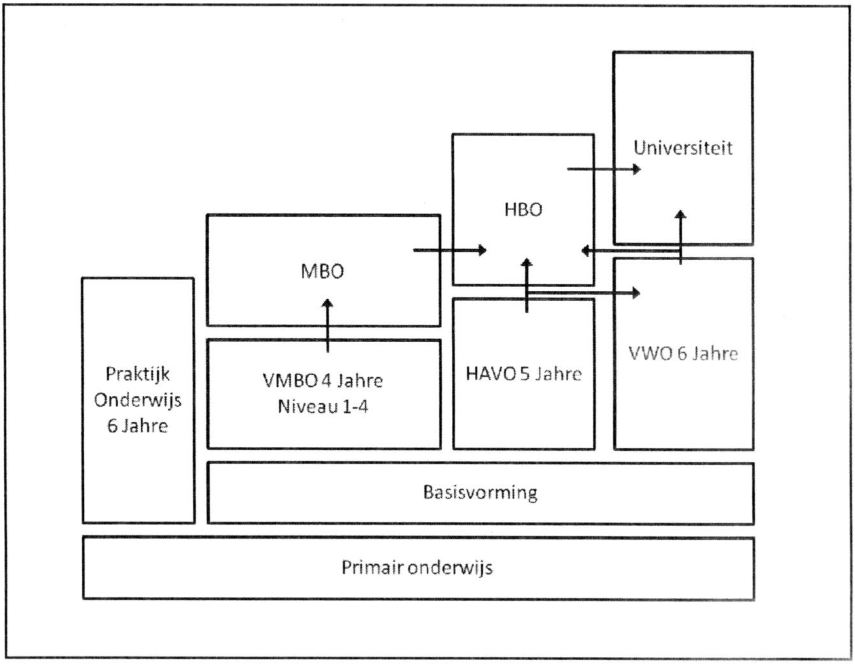

VWO (6 Jahre) = voorbereidend wetenschappelijk onderwijs

Vor-universitärer Bildungsgang, der notwendig ist, um an einer Universität studieren zu können.
Ein „VWO-Instromer" ist jemand, der vor dem Studium bereits die Schulform VWO absolviert hat (dies gilt auch für den Abschluß Abitur bzw. Matura). An diversen Hochschulen kann man hiermit im 2. Jahr einsteigen („instromen"). Näheres hierzu im Kapitel „Studium".

Bei den drei Bildungsformen VWO, HAVO und VMBO kann man entweder eine spezielle Schule besuchen, oder aber eine Art Gesamtschule, die alle Formen vereint. Neben staatlichen gibt es auch eine Vielzahl von Privatschulen, die staatlich beaufsichtigt werden.

Nach VMBO wird in der Regel MBO gewählt:

MBO (max. 4 Jahre) = middelbaar beroepsonderwijs

Hierhinter verbergen sich Berufsbildungsgänge, die bis zu 4 Jahre dauern (inkl. Arbeitserfahrung am Arbeitsplatz). Dies ist in etwa vergleichbar mit einer Berufsausbildung. Mit dem MBO Abschluß kann man an einer Fachhochschule studieren.

HAVO bereitet auf die Fachhochschule (HBO) vor, VWO auf die Universität (WO), jedoch kann man über Umwege auch mit VMBO und HBO Abschluß später an der Universität studieren.

Fremdsprachenunterricht

Englischunterricht ist auf fast allen Grundschulen bereits im Programm. Auf den meisten weiterführenden Schulen ist noch eine weitere Fremsprache zu wählen: Deutsch oder Französisch, an einigen Schulen auch Spanisch. Gerade Deutsch verzeichnet aber in den letzten Jahren einen starken "Beliebtheits"-Rückgang. Viele Schüler werden vor allem abgeschreckt durch die schwere Grammatik, bei der Lehrer besonders auf den "naamvallen" (Kasi) herumreiten, statt aktuelle Themen zu besprechen. Aufgrund der wirtschaftlichen Bedeutung wurden in Zusammenarbeit mit Deutschland diverse Programme wie z.B. "Mach mit" gestartet, um die Werbetrommel für die Fremdsprache zu rühren und das Interesse wieder aufleben zu lassen.

Rente

Die Rente ist in 3 bzw. 4 Pfeiler (pijler) eingeteilt und wird geregelt durch das AOW, das Algemene Ouderdomswet. Aufgrund der Einteilung, bei der erstmal nur das Nötigste abgedeckt wird und die letzten Pfeiler quasi als luxoriöses Extra hinzukommen, wird das Rentensystem auch „Cappucino-Modell" genannt.
Für den ersten Pfeiler werden für jedes Jahr vor dem 50. Lebensjahr, welches man in den Niederlanden verbringt (auch ohne Arbeit), 2% aufgebaut. Der zweite Pfeiler ist dann eine anfüllende Rente; für sie wird vom Arbeitsgeber und Arbeitnehmer zusammen ein gewisser Betrag eingezahlt. Der erste und zweite Pfeiler zusammen sorgen dafür, dass man etwa 70% des vorher verdienten Einkommens an Rente erhält. Der dritte Pfeiler ist dann komplett freiwillig – gewisse Sparverträge, Lebensversicherungen etc.

Sparbücher und Fonds zählen zum vierten Pfeiler.

Eine lebenslängliche Rente gibt es nicht, sondern sie läuft 10, 15 oder 20 Jahre und startet zwischen dem 60. und 70. Lebensjahr.
Aufgepasst! Das niederländische Worte „rente" besteht zwar auch, bedeutet jedoch etwas ganz anderes, nämlich Zinsen. Unsere Rente ist dort die „pensioen".

Für Rentner, die nicht bei ihren Familien oder zu Hause bleiben, sind ebenfalls Altenheime vorhanden. Diese Seniorenheime (verzorgingshuis / bejaarden-(te)huis) sind oft Wohnkomplexe mit vielen kleinen Einzelwohnungen, in denen man je nach Wunsch in einer Kantine essen, sich das Essen aufs Zimmer liefern lassen, oder auch selbst kochen kann. Die monatlichen Kosten sind einkommensabhängig, in der Regel längst nicht so hoch wie bei uns und werden von der AWBZ-zorg teilweise übernommen.

Steuern

Da ich während des Studiums zur Untermiete gewohnt habe, kam ich mit Steuern –durch das schöne, ehrliche Wort "Belasting" bezeichnet – erst durch meinen Nebenjob in Kontakt. Die ganz normalen Lohnsteuern ("Loonheffing") werden in der Regel automatisch vom Arbeitgeber gezahlt und können im Nachhinein wieder zurückgefordert werden. Am besten kann man sich hierüber ausführlich auf der Seite des niederländischen „Belastingdienst" informieren, und dort auch berechnen, ob überhaupt etwas erstattet werden würde.
Zudem bezahlt man als Hausbewohner normalerweise Gemeindesteuern. Diese werden jedoch armen Studenten erlassen, wenn sie einen bestimmten Verdienst nicht überschreiten und unter 2.268 € besitzen (dazu gehört auch ein Auto in diesem Wert). Hierfür benötigt man das sogenannte "Kwijtschelding" Formular von der Gemeinde und kann mit diesem eine Befreiung der Gemeindesteuern ("gemeente-belastingen") beantragen.

Supermärkte

Aldi und Lidl gibt´s an fast jeder Ecke (oftmals übrigens teurer als bei uns, mit Ausnahme von Milchprodukten). Typische Supermärkte sind z.B. der Albert Heijn, C1000 oder Jumbo. Für Kosmetikprodukte und stärkere alkoholische Getränke haben die Niederländer Spezialgeschäfte: Drogisterijen (Drogerien) sowie Slijterijen (Spirituosengeschäfte).
Die meisten Kunden zahlen übrigens mit EC-Karte (dies ist sogar auf dem Markt möglich), da es hier schon lange keine Mindestgrenze fürs Zahlen mit Karte gibt – in Deutschland ist die 10 Euro Grenze noch nicht überall abgeschafft, in Österreich schon. Bezahlt man bar, wird in fast allen Geschäften der Betrag gerundet (bei 9,96 z.B. würde auf 9,95 Euro abgerundet, bei 9,98 Euro auf 10,00 Euro aufgerundet).

Trinkgeld

Auch wenn der Betrag auf Rechnungen in Cafés, Restaurants und Co. inklusive Bedienungsgeld und Mehrwertsteuer angegeben ist, geben die meisten etwa 10% Trinkgeld – abhängig von der Zufriedenheit natürlich.

Auf dem Taxameter enthält der Preis ebenfalls bereits das Trinkgeld, üblicherweise wird jedoch auch hier ein wenig dazugegeben.

Getrenntes Bezahlen ist häufig nicht gern gesehen – in einigen Kneipen weisen auch Schilder darauf hin, dass nur pro Tisch abgerechnet werden kann.

Umzug – Einwohnermeldeamt

Nach dem Umzug in die Niederlande muss man sich binnen 3 Wochen bei der Gemeinde anmelden (offiziell jedenfalls, inoffiziell wird es angeblich nicht kontrolliert). Hierzu wird ein Termin bei der Stadt gemacht, zu dem man mit dem Personalausweis, dem Mietvertrag und der Kopie der Studienbescheinigung erscheinen sollte.

In Groningen und vielen anderen Städten ist es so, dass man diesen Termin vor Ort am Infoschalter, online oder telefonisch vereinbaren kann. Direkt hingehen und warten, bis man sich bei der Stadt einschreiben kann, ist leider nicht möglich.

Ist man einmal angemeldet, kann man sich später mit der DigiID (siehe Abschnitt DigiID) nach einem eventuellen Umzug innerhalb des Landes online ummelden – wirklich praktisch!

Zusätzlich gibt es auch noch eine niederländische Einwanderungsbehörde – hier muss man sich jedoch als EU-Bürger nicht zwangsläufig anmelden. Lediglich wenn man Wohngeld („Huurtoeslag") beantragen möchte, ist eine Anmeldung notwendig. Die Einwanderungsbehörden existieren nur in vier niederländischen Städten. Bevor man sich dort melden kann, muss man telefonisch unter 0900-123 4561 (10 cent/min) einen Termin vereinbaren.

Einen kostenlosen ausführlichen Ratgeber zum Thema Umzug in die Niederlande findet man im Internet auf den Seiten der REGIO Aachen.

Versicherung

Mit Aufnahme eines Jobs ist man verpflichtet, eine ausreichende Krankenversicherung (Zorgverzekering) zu haben. Ausnahmen gelten nur bei kurzen Aufenthalten. Ist man weiterhin über seine Eltern versichert (bis zum 25. Lebensjahr üblich), sollte man mit der Krankenversicherung keine Probleme haben, benötigt jedoch einen Anspruchsnachweis und sollte sich eine Versicherungsbestätigung (Formblatt E-111 oder E-128) mitgeben lassen.

Für die nicht über die Eltern Versicherten lässt sich jedoch auch eine Basisstudentenversicherung (z.B. AON Students Insurance) abschließen, bei der man rund 40 Euro pro Monat bezahlt und einen Grundversicherungsschutz hat, welcher normale Arztbesuche deckt. Hierzu zählen jedoch keine Vorsorgeuntersuchungen und viele Zusatzleistungen müssen extra bezahlt werden.

Hat man einen (Neben-)Job, ist so eine Studentenversicherung nicht genug: Man muss dann eine sogenannte (basis-)zorgverzekering abschließen, die rund 110 Euro im Monat kostet. Das ist schon ein stolzer Betrag, aber diese Versicherungen decken auch wirklich viel ab und Studenten erhalten mal wieder einen Bonus: Den „zorgtoeslag“ (Versicherungszuschlag), den man beantragen kann via http://toeslagen.nl. Dieser wird bei einem zu geringen Einkommen genehmigt (pro Jahr unter €25.068). Es handelt sich um immerhin rund 70 Euro im Monat, die nicht zurückgezahlt werden müssen. Natürlich benötigt man hierfür – wenn es online erledigt wird – wieder eine DigiID.

Bekannte Versicherungsgesellschaften sind z.B.: Achmea, Anderzorg, Zilveren Kruis, Oomver-zekeringen oder VGZ. Einige Universitäten und Hochschulen arbeiten mit einer Versicherung zusammen (nachfragen bzw. auf der Website umschauen); man kann in dem Fall als Student "korting", also Rabatt, bekommen.

Was zusätzlich von einigen Versicherungen noch angeboten wird: Eine No-Claim-Regelung, wie es sie teilweise auch bei uns gibt, bei der man einen bestimmten Betrag (um die 220-250 Euro) zurückbekommt, wenn man in einem Jahr die Leistungen nicht in Anspruch genommen hat. Eventuelle Behandelungen werden hiervon abgezogen.

Seit einer Gesundheitsreform im Jahr 2006 wird übrigens zwischen der privaten und gesetzlichen Krankenversicherung kein Unterschied mehr gemacht. Informationen zu anderen Versicherungen (KFZ-, Haftpflicht-, Rechtschutz-,...) findet man z.B. in dem Dokument „Umzug in die Niederlande“, oder im Linkverzeichnis (s. Anhang).

Wohnen

Natürlich möchte ich hier keinem die Hoffnung nehmen, aber die Wohnungssuche gehört leider zu einem der schwierigsten Schritte beim Umzug, gerade als armer Student in beliebten Studentenstädten.
In dem relativ kleinen Land wohnt ein Großteil der Bevölkerung in den wenigen großen Städten. Diese sind somit dicht besiedelt, und man findet chronischen Wohnungsmangel vor – jahrelange Wartelisten inklusive. Kein Wunder, dass man so kreative Lösungen gefunden hat wie Hausboote (auf denen auch Studen-

ten Wohnungen mieten können), Wohnwagen, oder neue Wohncontainer, die an kalte Betonblöcke erinnern, aber eben platzsparend sind.

Containerwohnungen

Mittlerweile werden sogar schwimmende Häuser und ganze schwimmende Stadtviertel gebaut (angeblich auch aus Angst vorm steigenden Meeresspiegel).

Vor Studienbeginn fragt man am besten zuerst bei seiner Universität bzw. Hochschule nach, ob diese bei der Zimmersuche behilflich sind oder sogar Wohnheime haben (in Wageningen z.B. wird Teilnehmern am Intensivsprachkurs ein Jahr lang ein Zimmer gestellt).
Die meisten Studenten kommen in Studentenhäusern unter: Wohngemeinschaften, bei denen sich Studenten zusammengetan haben, um eine ganze Wohnung bzw. ein Haus zu mieten. Hat man sich für so ein Zimmer beworben, wird man mit etwas Glück eingeladen und darf sich die Wohnung anschauen, etwas über die Mitbewohner erfahren und sich selbst vorstellen. Also sollte man sich quasi auf ein Bewerbungsgespräch gefasst machen.

Ich hatte großes Glück und habe meine Wohnung via studiVZ (Gruppe „Wohnungen, WGs & Zimmer in Groningen") finden können; hier gibt es zwei Gruppen mit Zimmeranzeigen in Groningen (Linkverzeichnis s. Anhang). Dies ist der Fall für die meisten großen Städte; am besten sucht man einmal in den sozialen Netzwerken studiVZ und Facebook nach solchen Gruppen in seiner zukünftigen Wohnstadt und abonniert alle neuen Nachrichten – und zwar rechtzeitig (ich kann das gar nicht oft genug erwähnen).

Da von Ende Juni bis Ende August vorlesungsfreie Zeit ist, stehen in dieser Zeit viele Zimmer leer – deutsche und auch niederländische Studenten zieht es dann zurück in die Heimat. Diese Zimmer oder Wohnungen kann man oft für die komplette Zeit mieten, und ich empfehle, dies unbedingt zu machen. Das hat dann viele Vorteile: Man kann an dem Sprachkurs und an einer eventuellen Einführungswoche in seiner zukünftigen Wohnstadt teilnehmen (z.B. Kei-Week in Groningen), lernt die Stadt kennen, kann Niederländisch vor Ort üben und – das Allerwichtigste – auf Wohnungs-/Zimmersuche gehen!

Eine der bekanntesten Websites hierfür, neben den erwähnten sozialen Netzen, ist kamernet.nl. Man muss sich hierfür Credits kaufen und kann dann für eine bestimmte Anzahl von Creditpunkten auf eine Anzeige reagieren. Längst nicht bei allen Anfragen bekommt man überhaupt eine Antwort, also kann es leider eine teure Angelegenheit werden. Apropos teuer: Wer genug Geld hat, kann sich auch über einen (Studenten-)Makler eine Wohnung besorgen. Dies erspart oft die langwierige Suche, kann aber eben mehr kosten – sowohl durch die Maklergebühren als auch später durch eine höhere Miete.

Eine weitere Möglichkeit ist, sich bei geringem Einkommen (normalerweise unter 21.450 Euro pro Jahr) eine etwas teurere Wohnung (allein) zu mieten und dann "Huursubsidie" (Wohngeld) zu beantragen. Ob die Wohnung dafür in Frage kommt, kann der Vermieter beantworten. Auf der Seite http://toeslagen.nl kann das Wohngeld beantragt werden, und auf der Website http://huursubsidie.net/ sind hierzu alle Voraussetzungen im Detail erklärt (auf Niederländisch).
Weitere Links zur Wohnungssuche im Anhang.

Hat alles nichts geholfen, so kann man sich auch zu mehreren zusammentun und selbst ein Studentenhaus gründen. Hierzu benötigt man auf jeden Fall die BSN (Bürgerservicenummer) und meldet sich dann bei der Wohnungsbauvereinigung an. So bekommt man Zugang zum freien Wohnungsangebot der Stadt und kann mit etwas Glück und falls die Warteliste nicht zu lang ist, eine davon mieten.

Was in den Niederlanden üblicher ist als das Mieten ist – wenn man nicht gerade Student ist – ist nach wie vor das Kaufen von Häusern oder Wohnungen (über 10% mehr als bei uns). In den letzten Jahren sind die Immobilienpreise stark gesunken, sodass Mieten langsam wieder halbwegs bezahlbar wird. Gerade günstigere Mietwohnungen findet man hierbei über Wohnungsbaugesellschaften. Bei einem Einkommen unter rund 35.000 Euro für Alleinstehende, kommt man auch für sozial geförderte Wohnungen in Anmerkung. Weiß man schon, in welcher Stadt man eine Wohnung in einigen Jahren benötigt, kann man sich für eine sozial geförderte Wohnung gegen jährliche Gebühren einschreiben. Am Bekanntesten ist hierbei WoningNet, wo man in Groningen z.B. rund 20 Euro jährlich und in Amsterdam momentan 50 Euro für die Einschreibung und 10 Euro jährlich bezahlt und hierbei Punkte sammelt. Je länger man wartet, desto mehr Punkte werden für gutgeschrieben. Ab einer bestimmten Punktzahl kann man sich dann auf angebotene Wohnungen melden und diese evtl. beziehen.

Wesentlich einfacher wird die Wohnungssuche, wenn man einen Arbeitsvertrag und ein nicht ganz so knappes Budget hat. Das Angebot ist natürlich dement-

sprechend größer und mit einem Makler kommt man in der Regel sehr viel bequemer an eine annehmliche Wohnung oder an ein Haus. Auch bei Maklern muss man sich oft erst gegen eine Gebühr von meist 30-50 Euro einschreiben, jedoch ohne Garantie, dass auch etwas Passendes für einen gefunden wird. Oft ist trotzdem noch Eigeninitiative gefragt. Am meisten verbreitet ist http://directwonen.nl/, wo man sich für eine Einschreibegebühr von 36 Euro alle Angebote anschauen kann.
Weitere (kostenlose) Internetseiten: huurhuis, Pararius und Funda.

Wie bei uns bei uns ist beim Einzug in der Regel eine Kaution in Höhe von drei Monatsmieten fällig, sowie eine „werkgeversverklaring“ vom Arbeitgeber und eine Meldebescheinigung der Gemeinde. Mietet oder kauft man via Makler wird zudem eine Vermittlungsgebühr von meist einer Monatsmiete oder 1-2% des Kaufbetrages gefordert, es sei denn, der Makler wurde vom Verkäufer beauftragt. Über den Immobilienerwerb finden Nicht-Niederländer im Dokument der Regio Aachen ab Seite 30 ausführliche Informationen.
Noch offene Fragen? Vielleicht hilft dann die „justlanded“-Website mit Infos und einem Forum oder der Niederlande Wegweiser weiter. Auch im Business-Netzwerk LinkedIn gibt es aktive Niederlande Gruppen (z.B. DeutschNederlanders), mit Informationen und Diskussionen mit „Leidensgenossen“ und Experten führen kann. Näheres auf den „NiederlandeNet“ Seiten der Universität Münster.

NIEDERLÄNDISCH KURZ UND BÜNDIG

Im Gegensatz zu fast allen anderen Sprachen dürfte dem Deutschsprachigen das Erlernen des Niederländischen leicht fallen. Auch wenn sich beim Sprechen oder bei der Umgangssprache der ein oder andere anfangs schwer tut (und oft über Halsschmerzen geklagt wird, was ich nun echt übertrieben finde), sind Grundkenntnisse in wenigen Wochen zu lernen.

Die meisten Hochschulen verlangen vor Studienbeginn die Teilnahme an einem Intensiv-Sprachkurs, der sich ca. über 3-4 Wochen erstreckt. Danach steht auch schon eine Prüfung für das sogenannte NT2 Zertifikat an, und zwar in den Bereichen Lesen, Schreiben, Sprechen und Verstehen. Die Kosten für diesen Kurs werden in der Regel von der Universität oder Hochschule nach Bestehen der Prüfung (größtenteils) erstattet.

Auch allen, die von einem Sprachkurs befreit sind, empfehle ich eine Teilnahme trotzdem wärmstens. Zwar sprechen fast alle Niederländer sehr gut Englisch, jedoch gibt es einfach keine bessere Möglichkeit, um mit den Menschen im neuen Land in Kontakt zu kommen und sich wohler zu fühlen, als wenn man die einheimische Sprache beherrscht. Es erleichtert vieles, und man versteht auch die Kultur besser.

Neben den unzähligen Sprachkursen, die es im Internet gibt, kann man sich natürlich auch schon in der Heimat zu einem Sprachkurs, z.B. an der Volkshochschule, anmelden, wenn man lieber und besser mit Lehrer lernt.

Auf das NT2 Zertifikat lässt sich in einigen Fällen auch in Kursen vor Ort, z.B. Münster oder Köln, vorbereiten. Unterlagen zum NT2 Kurs und zur kostenpflichtigen Prüfungsvorbereitung hier:
https://dutchipresume.com/voorbeeldexamens-staatsexamen-nt2-2012-programma-ii

Weitere Alternativen – oder besser gesagt Zusätze (je mehr, desto besser!) – zu klassischen Kursen sind z.B.:

Internetradio hören:

Skyradio, www.skyradio.nl/player/skyradio-nl
3FM, www.3fm.nl/
538, www.538.nl/

News online schauen und lesen:

NOS Journal, http://nos.nl/nieuws/live/journaal24/
GeenStijl (für die Jugend), www.geenstijl.nl/

TV Programme:

Uitzending gemist, www.uitzendinggemist.nl/

Kurze Videos, wahlweise mit Untertiteln:

2bdutch, www.2bdutch.nl/de/

Online Wörterbuch (inkl. Redewendungen):

Uitmuntend, www.uitmuntend.de

Gratis online Kurse:

- http://infos-fuer-alle.de/niederlaendisch/MinikursNiederlaendisch.html
- www.taalnet.nl/cursus/begin/les.html
- http://nt2.kennisnet.nl/ – Sprachkurs (einfach gehalten) als Vorbereitung auf das NT2 Sprachzertifikat
- www.dutchgrammar.com/de/ – Sehr umfangreiche (etwas unübersichtliche) Seite zu Grammatik, Aussprache etc. Manche Texte sind noch nicht auf Deutsch übersetzt und erscheinen dann auf Englisch
- www.learndutch.org/ – Englischsprachiges Lernportal mit Einstiegstest
- www.elanguageschool.net/dutch – Englischsprachiger umfangreicher Einstieg in die niederländische Grammatik und Sprache anhand wichtiger Worte und Ausdrücke
- www.cnavt.org/main.asp – Niederländische Website mit Hinweisen auf das NT2 Examen, inkl. Beispielprüfungen

Auch auf Youtube (www.youtube.de) findet man viele kostenlose Videokurse; z.B. vom User "EuropeanStudentNl",
www.youtube.com/user/EuropeanStudentNl?feature=watch

Oder, für den fortgeschrittenen Hörer, vom User „Universiteit van Nederland“, welche gratis rund 15 Minuten lange Videos zu verschiedenen wissenschaftlichen Themengebieten veröffentlicht:

www.universiteitvannederland.nl/alle-colleges/

Sogar für Smartphones gibt es inzwischen Apps, die einem beim Erlernen des Niederländischen helfen, z.B. die kostenlose Android App „Onze Taal“ von der gleichnamigen Sprachzeitschrift.

Weitere tolle Tipps zur Sprache und auch zu Land und Leuten findet man auf dem wundervollen Blog buurtaal.de.

Lest z.B. unbedingt diese zwei Artikel:
www.buurtaal.de/blog/online-niederlaendisch-lernen
www.buurtaal.de/blog/aussprachetipps-niederlaendisch

Ganz toll auf dieser Seite ist auch der neue Podcast, in dem die Aussprache noch viel mehr verdeutlicht werden kann:
www.buurtaal.de/blog/buurtaal-podcast-pilotfolge#t=2:54

Natürlich darf auch der Blog Deutscherin hier nicht fehlen – er wurde schließlich von einer Deutschen geschrieben, die in den Niederlanden wohnt, und somit findet man auch hier eine Menge Tipps und Infos zu Land und Leuten:
www.deutscherin.nl/

Auf diesem Blog habe ich auch den Tipp zu einer umfangreichen Ausspracheseite gefunden, auf der man sich über 25.000 Wörter anhören kann:
http://de.forvo.com/languages/nl/

Eine sehr gute Hilfe für die gerade zu Beginn schwierige Rechtschreibung:
www.beetjespellen.nl/website/index.php?pag=1

Sprachkurse

- PONS – PONS Power-Sprachkurs Niederländisch. Mit 2 Audio-CDs: Lernern Sie Niederländisch in 4 Wochen - Mein Einstiegsbuch. Hat mir sehr gut gefallen, baut einen Grundwortschatz auf und hilft, einfache Gespräche führen zu können!
- Lost in...Nederlands für Windows - Ein abenteuerliches Computerspiel, mit dem man spielend niederländische Grundkenntnisse erlangt und auch umfangreiche Vokabel- und Grammatikübungen machen kann.
- Langenscheidt – Langenscheidt Praktischer Sprachlehrgang Niederländisch – Buch und 3 Audio-CDs + Begleitheft: Der Standardkurs für Selbstlerner
- Langenscheidt – Langenscheidt Niederländisch in 30 Tagen – Buch, 2 Audio-CDs: Der kompakte Sprachkurs – leicht, schnell, individuell
- Hueber – Sprachkurs Niederländisch: Schnell und intensiv
- Klett – Welkom! Niederländisch für Anfänger. Lehrbuch mit Audio-CD
- Niederländisch für Dummies, Land und Leute
- Wolfgang Barelds und Idhuna Barelds: Oh, dieses Niederländisch!: Eine heitere und unterhaltsame Betrachtung zur Sprache unserer Nachbarn

Land und Leute

- Annette Birschel: Mordsgouda – Als Deutsche unter Holländern. Ein lustiges Buch, dass einen oft Schmunzeln lässt – und man erkennt so vieles wieder!
- Kerstin Schweighöfer: Auf Heineken könn wir uns eineken: Mein fabelhaftes Leben zwischen Kiffern und Kalvinisten
- Ben Bergner: Ich heirate Frau Antje ihre Familie: Meine neue holländische Verwandtschaft
- Dik Linthout: Frau Antje und Herr Mustermann. Niederlande für Deutsche

Kleiner Niederländischkurs

Da Sprache und Kultur einfach untrennbar miteinander verbunden sind, sollte sich jeder, der sich ernsthaft mit einem Aufenthalt in den Niederlanden beschäftigt, zumindest grundlegende Kenntnisse des Niederländischen erwerben, ansonsten wird ganz viel verpasst! Natürlich kann und möchte dieses Buch hier keinen Sprachkurs ersetzen, aber trotzdem finden Neugierige hier schon vor ihrem richtigen Sprachkurs ein paar Grundlagen, die den Einstieg etwas erleichtern.

Ausspracheregeln

Zum Glück ist die Aussprache bis auf einige Besonderheiten dem Deutschen relativ ähnlich. Bevor auf die einzelnen Buchstaben und Kombinationen eingegangen wird, sollen eingangs noch einige Besonderheiten genannt werden:

- Endet ein Wort auf „en", wird das „n" meist nicht ausgesprochen
- das „d" wird zwischen zwei Vokalen umgangssprachlich oft weggelassen oder durch ein „j" ersetzt, z.B. bei „goede oude" würde man „chuije aue" hören
- Befindet sich ein „t" zwischen zwei Konsonanten, fällt es häufig weg: „postzegel" würde dann eher „possechel" ausgesprochen

Ein Trema (zwei Punkte) auf einem Vokal zeigt nicht, wie im Deutschen, einen Umlaut an, sondern bedeutet, dass der Vokal getrennt vom vorherigen ausgesprochen wird: "naïef" wird dann "na-iv" ausgesprochen (ansonsten müsste man es fast wie das englische „knife" (Messer) aussprechen). Ähnlich auch im Französischen, wo der Name der nach Frankreich ausgewanderten niderländisch-jüdischen Familie „zih-ˈtruhn" (Zitrone) die allseits bekannte Aussprache erhielt: „Citroën", voilà.

Die Betonung (klemtoon) unterscheidet sich häufig von der deutschen Betonung und ist leider einer der kompliziertesten Teile der Sprache. Die meisten Worte werden auf der vorletzten Silbe betont, aber es gibt auch unzählige Ausnahmen (fettgedruckt die jeweils betonte Silbe): **Kö**nigin / konin**gin,** Ele**fant** / **o**lifant, Ro**man**tik / roman**tik** und viele andere. Eine ausführliche Erklärung zu den Betonungsregeln, den Haupt- und Nebenakzent findet sich auf den Niederlande-Seiten der freien Universität Berlin.

Vokale

Wie auch im Deutschen kann ein Vokal kurz oder lang ausgesprochen werden. Lange Vokale werden oft (aber nicht immer) durch doppelten Vokal gezeigt, z.B. „Boom" (=Baum, ausgesprochen wie „o" in „holen") im Vergleich zu „Stop" (=Stop,wie das deutsche Stopp ausgesprochen). (Leider unregelmäßige) Ausnahmen gibt es natürlich auch, z.B. wird das „a" im Wort „wagen" (=Wagen) auch lang ausgesprochen.

a	Meist wie das deutsche „a" in z.B. „Kasten". In doppelter Form, wie z.B. im Namen „Klaas", (oder wie bereits erwähnt in einigen Ausnahmefällen) wird es lang ausgesprochen, wie „a" in „Glas".
E	Vor den meisten Konsonanten wird das ‚e' ausgesprochen wie in „Mensch". Es kommt auch in langer Form vor wie in „Mehl" oder kurz wie das zweite ‚e' in „Wege".
I	Auch das ‚i' kann unterrschiedlich ausgesprochen werden (z.B. wie das ‚i' in „Kind") und ist meist etwas kürzer als im Deutschen.
o	Kurz wie das „o" in „Kopf" oder lang wie das „o" in „Kotflügel"
u	Wird wie unser ‚ü' ausgesprochen (in langer Form) bzw. wie ‚ö' in kurzer Form.

Konsonanten

- b = wie im Deutschen
- c = In der Regel vor „hellen" Vokalen (e,i,y) wie scharfes ‚s', ansonsten wie ‚k'.
- d = wie im Deutschen
- f = wie im Deutschen
- g = im Süden wie ‚ch' in Bach, im Norden eher etwas härter
- j = wie im Deutschen
- k = wie im Deutschen
- l = fast wie im Deutschen, jedoch etwas härter. An Wortende bei schnellem Sprechen manchmal eher ein ‚w'-Laut.

- m = wie im Deutschen
- n = wie im Deutschen, allerdings wird es umganssprachlich am Wortende oft weggelassen (z.B. wird zingen wie zinge ausgesprochen) – außer bei Worten wie ‚een' oder ‚en' wo die Endung natürlich wichtig ist.
- p = wie im Deutschen
- q = wie im Deutschen
- r = wird in den meisten Regionen mit der Zunge gerollt ausgesprochen.
- s = wie ein „ss"
- t = wie im Deutschen
- v = Wie unser ‚v' in Viktor, beim schnellen Sprechen auch wie ‚f'. Wird übrigens nicht „vau" genannt, sondern „w". Also sagt man statt Te-Vau zum Fernseher im Niederländischen „Te-We".
- w = Steht es am Wortanfang: wie ‚W' in Wasser. Ansonsten wie im englischen ‚w' z.B. in Walter.
- x = wie im Deutschen
- y = wie 'ie' in "Bier" (Nicht wie 'ü')
- z = Wird wie das ‚s' in Sonne ausgesprochen, bei schnellem Sprechen auch wie ein scharfes s (ß).

Kombinationen

- au = wie „au" in "Klaus"
- ch = wie 'ch' in "Dach"
- ee = wie ein langes „ee" in "See"
- eeuw = wie ein langes „e" gefolgt von einem schwachen „u"
- ei = wie ai in „Teich"
- eu = wie 'ö' in "Röcke"
- ie = Meist wie ein „ie" („Bier"), kann jedoch auch wie „j" bzw. „ij" ausgesprochen werden, wenn es über zwei Silben verteilt wird: naaien (sprich „Naijen").
- ij = wie 'ai' in „Teich"
- oe = wie 'u' in "Huhn" (Also nie wie ö in "Löffel"!)
- ou = wie 'au' in "Haus"
- sch = s und ch werden getrennt ausgesprochen; das ch entweder wie in Dach oder wie ein hartes g (in Holland), teilweise wie r oder kh
- tie = wie z bzw. ts + ie (kein langes i wie im Deutschen ie, sondern das e wird auch ausgesprochen)
- tio = wie z bzw. ts + io in Station
- ui = Der wohl schwierigste Laut des Niederländischen! Wird ungefähr wie ein Mix aus „öü" und „äü" ausgesprochen und kommt z.B. in „tuin" (=Garten) vor, aber auch in „Duitser" (=Deutscher). Am besten ganz oft

ganz genau zuhören, wie Niederländer den Laut aussprechen und einfach üben, üben, üben.

Auch wenn Laute wie „au“ und „ou“ gleich ausgesprochen werden, hat der Unterschied natürlich eine Bedeutung und ist nicht einfach nur willkürlich gewählt. „Au“ besteht länger und ist vor allem in Worten niederländischen Ursprungs zu finden. „ou“ findet man dagegen vor allem in Worten, die im Deutschen und Englischen „al“ oder „ol“ haben, wie z.B. kalt/cold (koud), Salz/salt (zout).

Nachdem die Aussprache geklärt wäre, kann es nun mit einigen nützlichen Worten losgehen!

Kleiner Startwortschatz

Begrüßungen

Guten Tag	Goeden Dag/Goeien Dag*. (Chude Daach / Chuje Daach *Umgangssprache)
Hallo. (informell)	Hallo / Hai! / Hoi!
Wie geht es Ihnen?	Hoe gaat het met u? (hu chaat het met ü?)
Gut, danke.	Goed, dank u. (chuud, dank ü)
Wie heißen Sie?	Hoe heet u? (hu heet ü?)
Ich heiße ______.	Mijn naam is ______.
Schön Sie kennenzulernen.	Prettig met u kennis te maken. (prettich met ü kennis te make)
Guten Morgen.	Goedemorgen. (chude morche)
Guten Abend.	Goedenavond. (chude avond)
Gute Nacht.	Goede nacht. (chude nacht)
Gute Nacht (beim Zubettgehen)	Welterusten. (welterüste)

Konjunktionen

und	en
oder, ob	of
denn	want
weil	omdat
dass	dat
wie	hoe
wenn / wie	als
als	dan

Achtung! Im Niederländischen übersetzen man „größer als“ mit „groter dan“ und „genauso groß wie“ mit „net zo groot als“. Hier also gut aufpassen und die beiden Worte „dan“ und „als“ nicht durcheinander bringen.

Wichtige Wörter

Bitte.	Alstublieft. (astüblieft)
Danke.	Dank u. (dank ü)
Bitte sehr.	Graag gedaan. (chraach chedaan)
Ja.	Ja (ja.)
Nein.	Nee. (nee)
Entschuldigung.	Sorry. (Sorry)
Auf Wiedersehen	Tot ziens. (tot siens)
Tschüß (informell)	Aju! / Dag! / Doei! / Hoi! (Ajü / Daach / Duui / Hooi)
Ich spreche kein (kaum) …	Ik spreek geen (bijna geen) Nederlands. (ick spreek cheen nederlands) / Ik spreek bejna cheen Nederlands. (ick spreek bejna geen nederlands)
Sprechen Sie Deutsch?	Spreekt u Duits? (Spreekt ü deuts?)
Spricht hier jemand Deutsch?	Spreekt hier iemand Duits? (Spreekt hier iemand daö-its?)
Hilfe!	Help! (HEELP!)
Vorsicht!	Let op! (Let op!)

Sonstiges:

großartig	geweldig
Zweck, Ziel	(het) doel
nur	slechts, alleen
Vorschlag	(het) voorstel
erwarten	verwachten
Reise	(de) reis
Schlüssel	(de) sleutel
Das verstehe ich nicht.	Ik begrijp het niet. (ick bechreip het niet)
Wo ist die Toilette?	Waar is het toilet? (Waar is het twah-LET?)
Lassen Sie mich in Ruhe.	Laat me met rust. (Laat me met röst)
Ich brauche Hilfe.	Ik heb uw hulp nodig. (ick heb ü hülp noodich)
Dies ist ein Notfall.	Dit is een noodgeval. (dit is een noodchefal)
Ich bin krank.	Ik ben ziek. (ick ben siek)
Ich brauche einen Arzt.	Ik heb een dokter nodig. (ick hep een dokter noodich)
Kann ich Ihr Telefon be-	Mag ik uw telefoon gebruiken? (mach ick ü telefoon

nutzen?	chebraöiken?)
jetzt	nu (nüü)
später	later
vorher	voor (voor)
heute	vandaag (fandaach)
gestern	gisteren (chistere)
morgen	morgen (morche)
(der) Morgen	ochtend (ochtent)
morgens	s'ochtens
Mittag	middag (middaach)
Nachmittag	middag (middaach), auch namiddag (naamiddaach)
Abend	avond (aavond)
Nacht	nacht (nacht)
Mitternacht	middernacht (middernaacht)
diese Woche	deze week (deese week)
letzte Woche	vorige week (foriche week)
nächste Woche	volgende week (folchende week)
ruhig	rustig
groß	groot
sauber	schoon
billig	goedkoop (chutkop)
teuer	duur (dür)
Ich bin Vegetarier.	Ik ben vegetariër. (ick benn vehcheTArijer)
Kaffee	koffie (koffie)
Tee	thee (tee)
Saft	sap (sapp)
Wasser	water
Die Rechnung bitte.	De rekening, alstublieft. ()
Wie viel kostet das?	Hoeveel kost dit?
Ich benötige...	Ik heb... nodig. ()
Sekunde(n)	second
Minute(n)	minuut (miNÜTT) / minuten (miNÜTTen)
Stunde(n)	uur (ühr) / uren (ühren)
Woche(n)	week (wehk) / weken (wehken)
Monate(n)	maand (mahnt) / maanden (mahnden)
Jahr(e)	jaar (jahr) / jaren (jahren)
Vater	(de) vader
Mutter	(de) moeder
Bruder	(de) broer
Schwester	(de) zus
Onkel	(de) oom
Tante	(de) tante
Oma	(de) oma

Opa	(de) opa
verwandt	verwant
verheiratet	getrouwd
geschieden	gescheiden
Enkel	(het) kleinkind
Cousin / Neffe	(de) neef
Cousine / Nichte	(de) nicht

Niederländisch-Deutsch:

wel	bedeutet in etwa „wohl“, steht meist in Zusammenhang mit „maar“
erg	sehr / schlimm
heel erg	sehr
hartstikke	sehr
nogal	ziemlich
vrij	relativ (oder auch frei)
best wel goed	ganz in Ordnung
een beetje	ein wenig
niet zo	nicht so
helemaal niet	ganz und gar nicht
elkaar	einander, wird häufig auch da gebraucht, wo man im Deutschen auch „sich“ sagen würde, z.B. „zij kennen elkaar“ – „sie kennen sich“.
zo maar	einfach (so)
geheel	völlig
zelfs	sogar (+ selbst)
nog	noch
nog steeds	immer noch
jawel	doch
nooit	nie
al	schon
altijd	immer
dus	also
helaas	leider
stel	angenommen

vaak	oft
qua	was... betrifft / in Bezug auf. Eine grandios platzsparende Konstruktion, wird z.B. so gebraucht: „Ik vond het qua eten niet echt bijzonder." – „Ich fand es in Bezug auf das Essen nicht echt besonders."
mits	unter der Bedingung / Voraussetzung, dass
klaar	fertig
eenvoudig	einfach
nou en	na und
druk	eilig, beschäftigt
gauw	bald
net / net als	gerade / genau wie
dan	dann
op	am, auf
meteen	sofort
te	zu (Bsp. zu groß)
stappen	ausgehen

Nummern

1	een (een)
2	twee (twee)
3	drie (drie)
4	vier (vier)
5	vijf (faif)
6	zes (sess)
7	zeven (seeve)
8	acht (acht)
9	negen (neeche)
10	tien (tien)
11	elf (elf)
12	twaalf (twaalf)
13	dertien (dertien)
14	veertien (feertien)
15	vijftien (faiftien)

16	zestien (sestien)
17	zeventien (seventien)
18	achttien (achttien)
19	negentien (nechentien)
20	twintig (twintech)

21 eenen-twintig, 22 tweeën-twintig, 23 drieen-twintig etc.

30	dertig (dertech)
40	veertig (veertech)
50	vijftig (veiftech)
60	zestig (sesstech)
70	zeventig (seventech)
80	tachtig (tachtech)
90	negentig (nechentech)
100	honderd (hondert)
200	tweehonderd (tweehondert)
300	driehonderd (driehondert)
1000	duizend (deusend)
1,000,000	een miljoen (een miljun)

Wochentage

Montag	maandag (mahndach)
Dienstag	dinsdag (dinsdach)
Mittwoch	woensdag (wunsdach)
Donnerstag	donderdag (donderdach)
Freitag	vrijdag (freidach)
Samstag	zaterdag (saterdach)
Sonntag	zondag (sonndach)

Monate

Januar	januari (jannuWAri)
Februar	februari (februWAri)

März	maart (mahrt)
April	april (aPRIL)
Mai	mei (mäi)
Juni	juni (jünnie)
Juli	juli (jüllie)
August	augustus (auCHÜStüs)
September	september (sepTEMber)
Oktober	oktober (okTOber)
November	november (noVEMber)
Dezember	december (deßEMber)

Farben

blau	blauw (blauw)
braun	bruin (bröin)
gelb	geel (cheel)
grau	grijs (chräis)
grün	groen (chrunn)
rot	rood (rood)
orange	oranje (oRANNje)
schwarz	zwart (ßwart)
weiss	wit (witt)

Wichtige Abkürzungen

- a.h.w. = als het ware, gleichsam
- ANWB = Koninklijke Nederlandse Toeristenbond ANWB (Algemene Nederlandsche Wielrijders-Bond), das niederländische Pendant zum deutschen ADAC
- a.s. = aanstaande, nächste(r)
- a.u.b. (auch aub) = alstublieft (auch für alsjeblieft genutzt), bitte (Sie- und Du-Form)
- b.d. = buiten dienst, außer Dienst
- betr. = betreft, Betreff / betrifft
- bijv. (oder bv.) = bijvoorbeeld, zum Beispiel
- blz. (oder auch pag.) = bladzijde (pagina), Seite
- BN = bekende Nederlander, berühmter/bekannter Niederländer
- B.S. = Burgerlijke stand, Familienstand

- b.v.d. = bij voorbaat dank, vielen Dank im Voraus
- derg. (dgl) = dergelijke(n), solche(r)
- dhr. = de heer, Herr
- d.m.v. = door middel van, durch / mittels
- enz. = enzovoort, und so weiter
- i.h.b. = in het bijzonder, insbesondere, vor allem
- i.o.v. = in opdracht van, im Auftrag von
- i.p.v. = in plaats van, statt
- i.t.t. = in tegenstelling tot, im Gegensatz zu
- i.v.m. = in verband met, im Zusammenhang mit
- m.a.w. = met andere woorden, mit anderen Worten
- m.b.t. = met betrekking tot, in Bezug auf, hinsichtlich
- m.b.v. = met behulp van, mit Hilfe von
- mevr. = mevrouw, Frau
- m.i. = mijns inziens, meiner Meinung nach
- m.i.v. (+datum) = met ingang van // met inbegrip van, vom an // samt, einschließlich
- m.n. = met name, vor allem, besonders
- m.u.v. = met uitzondering van, mit Ausnahme von
- m.v.g. = met vriendelijke groet, mit freundlichen Grüßen
- n.a.v. = naar aanleiding van, anlässlich
- n.o.t.k. = nader overeen te komen, Verhandlungssache
- NS = Nederlandse Spoorwegen, Niederländische Bahn
- n.v.t. = niet van toepassing, ungültig, entfällt
- o.a. = onder andere(n), unter anderem
- t.h.t. = tenminste houdbaar tot, mindestens haltbar bis
- t/m = tot en met, bis einschließlich
- t.n.v. = ten name van, zu Händen von
- t.w.v. = ter waarde van, im Wert von
- z.o.z. = zie ommezijde, Siehe Rückseite

Weitere Abkürzungen auf www.afkorting.nl/ und
http://nl.wikipedia.org/wiki/Lijst_van_afkortingen_in_het_Nederlands

"Falsche Freunde"

Als "falsche Freunde" bezeichnet man Worte oder Ausdrücke, die im Niederländischen (fast) mit dem Deutschen übereinstimmen, jedoch etwas anderes bezeichnen. "Gekocht" wäre da so ein Beispiel, es bedeutet nämlich im Niederländischen "gekauft" und hat nichts mit der Küche zu tun. Wer in den Niederlanden „Mist“ ruft, flucht nicht, sondern spricht von Nebel. Auch „bedankt voor de gastvrijheid“ bedeutet nicht „Danke für die Gastfreiheit“, sondern „Danke für die Gastfreundschaft“. Falsche Freunde sind besonders schwierig zu lernen, weil man hier einfach instinktiv übersetzt und somit falsch liegt.

Tappt man in die „false vrienden“-Falle, ist das aber in der Regel nicht weiter schlimm, sondern kann im Gegenteil für viel Erheiterung sorgen. Sehr gelacht haben wir z.B. auf dem Introcamp vor Studienbeginn: In einem Spiel sollte man sich so richtig plumpe Anmachsprüche ausdenken. Jemand wollte sagen „Kann ich dich begleiten?“ und bei einem direkten Übersetzungsversuch ins Niederländische kam dann „Heb je begeleiding nodig?“ heraus. Dies würde man jedoch nur zu jemandem sagen, der (psychologische) Betreuung benötigt – kein charmanter Flirteinstieg. Oder eines Tages, als meine Lederjacke im Regen nass geworden ist und ich dies zum Ausdruck bringen wollte. Ich habe das Wort Lederjacke (niederländisch Leder = leer) wohl völlig falsch ausgesprochen, denn beim Zusammenziehen der zwei Worte leer und jas (für Jacke) muss man daraus lerenjas machen anstatt leerjas. Heraus kam also meine "Lernjacke", die Jacke, in der ich immer lerne.

Ein letztes Beispiel: Eigentlich wollte ich zwei Mitstudenten erzählen, dass unser Biochemiedozent gesagt hat, dass wir die beste Klasse waren, die er je hatte und er mit Tränen in den Augen von uns Abschied nimmt. Statt zu sagen "mit Tränen in seinen Augen" habe ich "met treinen in zijn ogen" gesagt – "mit Zügen in seinen Augen" (tranen = Tränen, treinen = Züge).
Was vielen auch nach Jahren noch ab und zu schwer fällt, sind die ganzen Präpositionen, also: Auf, für, um, zu, etc.
Viele Ausdrücke entsprechen unseren – nur eben mit anderen Präpositionen. Das fühlt sich dann immer komisch und unnatürlich an. Ein paar Beispiele gefällig?

"Allergisch voor" – allergisch für. Ich bin allergisch für Pollen!
"Op het kantoor" – auf dem Büro. Heute war echt viel los auf dem Büro.
"Achter de computer" – hinter dem Computer.
„Praten tegen“ – Sprechen gegen. Er sprach gegen seine Mutter, statt er sprach zu seiner Mutter.

Oder, was die Niederländer auch machen (ich aber konsequent finde):
"Op iets letten" statt "op iets opletten". Also: Auf etwas passen, statt auf etwas aufpassen. Man wiederholt bei so zweiteiligen Geschichten die Präposition nicht nochmal.

Ein paar Worte zur Grammatik

Auch wenn der niederländische Satzbau und die Grammatik in vielen Teilen mit dem Deutschen übereinstimmen, gibt es doch auch so kleine Besonderheiten, die sogar in Beziehungen zu Streit führen könnten. Wenn man z.B. rein zu Informationszwecken fragen möchte, ob der Partner noch für den Abend etwas geplant hatte (ausgehen), also: "Willst du heute Abend noch weg?" – "Wil je vanavond nog weg / uit gaan?" kann dann als Antwort sowas kommen wie "Ja, is goed" oder "Okay". Und man denkt sich "Häh? Ich wollte doch nur fragen, ob er das vorhatte, und ihn nicht dazu einladen". Andersherum, wenn jemand fragt "wil je even mijn handschoenen vasthouden" ("Willst du eben meine Handschuhe festhalten?"), will man damit nicht wissen, ob ich das gerne will, sondern fordert die Person zu genau dieser Handlung auf.

Der Satzbau ist im Niederländischen fast immer identisch mit dem Deutschen. Eine Besonderheit kommt jedoch bei doppelten Verben in einem Satz vor, z.B. "Würdest du das tun wollen?" – "Zou je dat willen doen?" Das "tun wollen" wird also fast immer zum "wollen tun".
Kommt dann noch eine Form mit zouden (= sollen) hinzu, hat man im Grunde drei verschiedene Möglichkeiten:

Es ist möglich, dass sie...
1.) nagekeken zouden hebben
2.) zouden hebben nagekeken
3.) zouden nagekeken hebben

Die erste Form findet man in der gesprochenen Sprache am Häufigsten. In Belgien wird vor allem die dritte Form gebraucht, auch wenn diese laut einigen Sprachratgebern inkorrekt ist.
Ist man sich bei allen Verben unsicher gilt die Faustregel: Immer genau anders herum als im Deutschen!

Satzformen, wie z.B. „ich denke, du hast es vergessen“, sind nicht möglich. Hier muss man immer die Satzform verwenden: „Ich denke, dass du es vergessen hast.“
Aber all diese Details werden einem im Sprachkurs beigebracht und man schnappt sie mit der Zeit von selbst auf. Als Grundregel gilt: Wer zu Anfang erst mal alles wortwörtlich übersetzt, wird verstanden! Und der Rest? Komt allemaal goed!

Artikel

Statt wie im Deutschen drei Artikel – er, sie und es – gibt es im Niederländischen nur zwei: de und het. Viele, jedoch längst nicht alle Worte, die im Deutschen den „er“ oder „sie“ Artikel haben, haben im Niederländischen den „de“ Artikel. Viele deutsche „es“ Worte erhalten den niederländischen sächlichen Artikel „het“. Leider sind hier jedoch so viele Ausnahmen bekannt, dass man zu jedem Substantiv unbedingt den Artikel gleich mit auswendig lernen sollte. Hat man jedoch einmal

keine Ahnung, wie ein Artikel lauten könnte, so kann man auf die eben erwähnte Art und Weise ganz gut raten.
Einen Trost gibt es jedoch: Die Artikel bleiben in allen Fällen gleich! Statt einer Deklination wie im Deutschen – der Baum, des Baumes, dem Baum, den Baum – bleibt im Niederländischen immer alles entweder „de“ oder „het“. Der Mehrzahlartikel ist im Übrigen immer „de“. Einfach, oder?

Personalpronomen im Nominativ

(in Klammern jeweils die unbetonte Form)

ich	ik	wir	wij (we)
du / Sie	jij (je) / U	ihr / Sie	jullie (je) / U
er / sie / es	hij / zij / het	sie	zij (ze)

Personalpronomen im Dativ- und Akkusativ

(in Klammern jeweils die unbetonte Form)

mich / mir	mij (me)	uns	ons
Dich / dir / Sie / Ihnen	jou (je) / U	euch / Sie/Ihnen	jullie (je) / U
Ihn / ihm / sie /ihr / es / ihm	hem / haar / het	sie/ihnen	hen / hun

Possesivpronomen

mein(e)	mijn	unser	ons bzw. onze (wenn im Plural)
dein(e) / Ihr(e)	jouw (je) / Uw	euer / Ihr(e)	jullie (je) / Uw
sein(e) / ihr(e)	zijn / haar	ihr	hun

Gerade mit den „Dus“ kann man am Anfang noch durcheinanderkommen. Hier also die Übersetzungen in der Übersicht:

Du => jij
Dir und dich => jou
Dein(e/r) => jouw
Die unbetonte Form in der 2. Person Singular ist in allen Fällen „je“ wird immer dann verwendet, wenn es nicht um die Person an sich geht. Möchte man z.B. verdeutlichen, dass dein Auto rot ist, würde man sagen: Je auto is rood. Möchte man ganz deutlich machen, dass dein Auto rot ist (und z.B. meins blau), würde

man sagen: Jouw auto is rood. Das kriegt man aber nach kurzer Zeit von ganz alleine hin.

Reflexivpronomen (ich wasche mich)

ich wasche mich	ik was **me**	wir waschen uns	wij wassen **ons**
du wäschst dich	jij wast **je**	ihr wascht euch	jullie wassen **je**
Sie waschen sich	u wast **zich**	sie waschen sich	zij wassen **zich**
er / sie wäscht sich	hij/zij wast **zich**		

Demonstrativpronomen

Het-Wort:

dat boek (daar) en dit boek (hier)	das Buch (da) und dieses Buch (hier)

De-Wort und Pluralformen:

die jas (daar) en deze jas (hier)	die Jacke (dort) und diese Jacke (hier)

Verben

Nach der folgenden Regel werden alle regelmäßigen Verben gebildet.
Infinitivform: Endung –en, z.B. werken (=arbeiten).

Wortstamm: werk

ich arbeite	ik werk	wir arbeiten	wij werken
du arbeitest (sie arbeiten)	jij (u) werkt	ihr arbeitet	jullie werken
er / sie arbeitet	hij / zij werkt	sie arbeiten	zij werken

Hilfsverb zijn (sein), in Klammern die unbetonten Formen

ich bin	ik ben	wir sind	wij (we) zijn
du bist	jij (je) bent	ihr seid	jullie zijn
er / sie ist	hij / zij (ze) is	sie sind	zij (ze) zijn

Hilfsverb hebben (haben), in Klammern die alternativen Formen

ich habe	ik heb	wir haben	wij (we) hebben
du hast / Sie haben	jij (je) hebt / u hebt (heeft)	ihr habt	jullie hebben
er / sie hat	hij / zij (ze) heeft	sie haben	zij (ze) hebben

Achtung: Das t fällt bei einer Frage weg in der 2. Person Singular (du):
Jij he**bt** een auto. He**b** jij een auto?

Weitere Hilfsverben (Modalverben):

willen	wollen/möchten
zullen	werden
mogen	dürfen
kunnen	können
moeten	müssen/sollen

Perfektbildung (einfache Vergangenheit)

Hat man diese einmal gelernt, steht einem eine quasi die halbe Vergangenheit offen (für Imperfekt und Plusquamperfekt siehe nächster und übernächster Abschnitt). Um das Perfekt, also die einfache Vergangenheit („ich habe gesehen", „du hast gekauft",...) zu gebrauchen, nutzt man, wie im Deutschen auch, entweder das Hilfsverb „zijn" (sein) oder „hebben" (haben), welches in der Tabelle hiervor bereits dekliniert wurde. Beispiel: „ik ben gewesen" – „ich bin gewesen" oder „ik heb gezien" – „ich habe gesehen".
Dann bildet man das Partizip (gesehen, gekauft) eines Verbs:
Wenn der Stamm des Verbs auf –t,-k,-f,-s,-ch oder –p endet, wird das Partizip mit ge + Stamm + t gebildet:

werken (arbeiten) -> ge – werk – t
Eine Eselsbrücke zu den Endungen: Alle Konsonanten aus dem Wort Paketschiff.
Endet der Stamm des Verbs hingegen auf jedem anderen Konsonaten, wird das Partizip mit ge + Stamm + d gebildet:
wonen (wohnen) -> ge – woon – d
Zum Glück hört man hier in der Aussprache keinen Unterschied!

Noch zwei kleine Ausnahmen:
Das Partizip bekommt kein ge-, wenn der Infinitiv mit einer der folgenden unbetonten Vorsilben beginnt: be-, er-, ge-, her-, ont-, und ver-, z.B. vertellen (erzählen) -> vertel + d.

Bei Verben, die auf –eren enden, wird ihr Partizip ebenfalls mit ge- gebildet: studeren (studieren) -> ge + studeer + d.

Eine für Deutschsprachige schwierige Sache ist die Wahl des korrekten Hilfsverbs, also „hebben" oder „zijn" – manchmal ist dies nämlich genau andersherum als bei uns. Die Grundregel hierbei ist: Wenn die Handlung im Vordergrund steht, wird „hebben" verwendet. Wenn ein Ziel oder eine Richtung angegeben wird (z.B. mit naar, in, rond), nutzt man „zijn". Zum Beispiel:
Richtung: „Ik ben naar Frankrijk gevlogen" (ich bin nach Frankreich geflogen).
Handlung: „Ik heb nog nooit gevlogen" (ich bin noch nie geflogen).

Imperfekt

Für die erzählende Vergangenheit („gestern war ich am See"), gibt es wieder Regeln, die mit den Paketschiff Konsonanten gebildet werden: Wenn am Ende des Verbstammes einer der stimmlosen Konsonanten –t, -k, -f, -s, -ch, -p steht, wird dem Verbstamm im Imperfekt in allen Singularformen –te, und in allen Pluralformen –ten angehängt:
werken (arbeiten) Stamm: werk – ik, jij, u, hij werkte / wij, jullie, zij werkten
heten (heißen) Stamm: heet – ik, jij, u, hij heette / wij, jullie, zij heetten

Bei allen anderen Konsonanten hängt man im Imperfekt für den Singular –de und für den Plural –den an:
wonen (wohnen) Stamm: woon – ik, jij, u, hij woonde / wij, jullie, zij woonden
leren (lernen) Stamm: leer – ik, jij, u, hij leerde / wij, jullie, zij leerden

Natürlich gibt es auch hier unregelmäßige Verben, diese müssen leider ganz einfach gepaukt werden.

Plusquamperfekt

Die Vergangenheit vor der einfachen Vergangenheit („er hatte angerufen, bevor...") wird fast wie das Perfekt gebildet – das Partizip ist identisch. Als Hilfsverb nimmt man hier einfach die Vergangenheitsform von zijn (ik/jij/hij/zij was, wij/jullie/zij waren) bzw. von hebben (ik/jij/hij/zij had, wij/jullie/zij hadden).

Futur

Für die Zukunftsform benutzt man umgangssprachlich wie im Deutschen auch meistens die ganz normale Gegenwartsform "Ga je morgen zwemmen?" – "Gehst du morgen schwimmen?". Das „ga" (gehen) wird hierbei nicht nur für gehen benutzt, sondern ganz allgemein um die Zukunft auszudrücken. „Ik ga het doen" (Ich gehe es tun) entspricht „Ich werde es tun" bei uns.
Als Alternative kann man die weniger gebräuchliche, echte Zukunftsform mit "zal" (werden) gebrauchen: "Zal je morgen gaan zwemmen?" – "Wirst du morgen schwimmen gehen?". Diese klingt aber in der gesprochenen Sprache etwas

ungewöhnlich und wird seltener gebraucht. Häufiger hört man es in anderen Zusammenhängen, z.B. "Ik zal het onthouden" / "Ik zal het niet vergeten" (Ich werde es behalten / ich werde es nicht vergessen).

Konjunktiv

Wird mit „zou“ (Singular) bzw. „zouden“ (Plural) + Verb gebildet, welches dem deutschen „würden“ entspricht:
„Ik zou het leuk vinden“ (ich würde es schön finden). „Wij zouden graag naar de bioscoop willen gaan“ (wir würden gern ins Kino gehen).

Mehrzahlbildung

Diese beinhaltet leider ein paar Regeln, die auswendig gelernt werden müssen. Nach einiger Praxis gewöhnt man sich jedoch automatisch an die korrekten Pluralversionen.
Die meisten Substantive bekommen im Plural einfach die Endung –en angehängt, z.B. het huis – de huisen (das Haus – die Häuser), de deur – de deuren (die Tür – die Türen). Beachtet hier noch einmal, dass sowohl „de“ als auch „het“ Wörter im Plural den Artikel „de“ erhalten.

Kommen wir nun aber zu den Ausnahmen:
Substantive mit zwei oder mehr Silben, die auf einem unbetonten –el, -em, -en, -er, -erd, -aar, oder –aard enden und auch verkleinerte Substantive, die auf –je oder –ke enden, erhalten im Plural ein –s. Beispiele: de computer – de computers (der Computer – die Computer), de appel – de appels (der Apfel – die Äpfel).
Besonderheiten bei der Pluralbildung:

1.) Ein kurzer Vokal bleibt im Plural dadurch kurz, dass der nachfolgende Konsonant verdoppelt wird, z.B. bot – botten (Knochen).
2.) Ein langer Vokal wird hingegen in geschlossener Silbe doppelt, im Plural in offener Silbe einfach geschrieben: boom – bomen (Baum – Bäume), raam – ramen (Fenster).

Ausführliche Regeln sind hier
http://infos-fuer-alle.de/niederlaendisch/MinikursNiederlaendisch.html
zu finden.

Groß- und Kleinschreibung

Zum Glück ist die recht einfach: Nur Namen, Gott, Feiertage und Satzanfänge werden groß geschrieben. Unter den weiten Begriff Namen fallen hierbei nicht nur Vornamen und Nachnamen (ohne „tussenvoegsel“ wie z.B. van den, de,...), sondern auch Sprachen (Nederlands), Einwohner (Duitsers), Länder- und Städtenamen. Steht am Satzanfang ein Apostroph, wie z.B. „'s Avonds" (abends) wird erst das nachfolgende Wort groß geschrieben. In E-Mails und Briefen wird nach der Andrede und dem Komma ebenfalls groß weitergeschrieben:

„Geachte dames en heren,
Zoals jullie weten (...)"
Ist man noch etwas unsicher, kann man hier
http://woordenlijst.org/leidraad/16/ die genauen Regeln nachlesen.

Tipps zur Rechtschreibung

Die NT2 Prüfung für den Studienbeginn ist wie bereits erwähnt in vier Kategorien eingeteilt: Hören, Lesen, Sprechen und Schreiben. Letztere fiel mir am Schwersten, daher sollen hier zwei Tipps das Verständnis fürs Schreiben erleichtern:

Doppelkonsonanten wie „tt" oder „ll", die ja im Deutschen sehr häufig vorkommen, findet man im Niederländischen nie am Wortende oder am Silbenende. Ob ein Vokal vorher kurz oder lang ausgesprochen wird, kann man anhand von Regeln nachschauen oder einfach beim Lernen des Wortes mitlernen.

Ein „v" oder „z" gibt es ebenfalls nicht am Wort- oder Silbenende, dafür werden die auf „f" oder „s" endenden Worte in der Pluralform bzw. geänderten Verbform dann plötzlich anders geschrieben: half -> halve, huis -> huizen.
Im Linkverzeichnis (s. Anhang) wird noch auf noch zahlreiche Erläuterungen zur niederländischen Schreibweise verwiesen.

Kommaregeln

Offizielle Regeln zur Kommasetzung sucht man vergebens. Man kann sich jedoch nach der Grundregel richtigen, immer dann ein Komma zu setzen, wenn man eine Pause hört. Dies ist der Fall bei Aufzählungen, bei gleichwertig nebeneinander stehenden Adjektiven, bei Appositionen (Beisätzen) und nach einer Anrede. Auch vor Konjunktionen wie omdat (weil), hoewel (obwohl), maar (aber) und terwijl (während) wird in der Regel ein Komma verwendet.

Redewendungen

Viele Redewendungen kennt man schon aus dem Deutschen, aber natürlich gibt es auch hier einige – oft niedliche – Unterschiede:

Niederländisch	Übersetzung	Entsprechung
Vooruit met de geit	Nach vorn/voran mit der Ziege	Ran an die Buletten
Achter de rug	Hinter dem Rücken	Etwas hinter sich haben (Prüfung, Termin, ...)
De bloemetjes buiten zetten	Die Blümchen nach draußen setzen	Auf den Putz hauen, einen draufmachen
Onder de knie	Unter dem Knie	Wenn man etwas gut (auswendig) gelernt hat, gut kann
Boven zijn theewater zijn	Über seinem Teewasser sein	Dies sagt man zu jemandem, der angeheiert ist
Hij heeft zijn rijbewijs gekregen bij een pakje boter	Er hat seinen Führerschein zu einem Päckchen Butter bekommen	Er hat seinen Führerschein im Lotto gewonnen
Geslapen als een rose	Geschlafen wie eine Rose	Geschlafen wie ein Stein
Dat slaat helemaal nergens op	Das schlägt (absolut) nirgends drauf	Das macht keinen Sinn, das ist Quatsch
Dat valt wel mee	Das fällt wohl mit	Das geht ja noch, halb so schlimm
Laat maar zitten	Lass mal sitzen	Lass mal, nicht nötig
Het komt wel goed	Das kommt wohl gut	Das wird schon
Met de ziel onder de arm lopen	Mit der Seele unterm Arm laufen	Nichts mit sich anzufangen wissen
Lust je nog wat?	(nicht wortwörtlich zu übersetzen)	Willst du noch etwas haben? (Essen + Trinken)
Je bent nog niet jarig	Du hast noch keinen Geburtstag	Mach dich auf was gefasst
Het jaar zit er al weer bijna op	Das Jahr sitzt da schon fast wieder drauf	Das Jahr ist schon fast wieder vorbei
Door de mand vallen	Durch den Korb fallen	Durchschaut werden
Iemand een oor aannaaien	Jemandem ein Ohr annähen	Jemanden betrügen
Met de handen in het	Mit den Händen im Haar	Weder ein noch aus wis-

haar zitten	sitzen	sen
Spijt als haren op je hoofd hebben	Bedauern wie Haare auf dem Kopf haben	Etwas unendlich bedauern
Geen haar op je hoofd die er aan denkt...	Kein Haar auf dem Kopf, das daran denkt...	Nicht im Traum...
De oren van het hoofd eten	Die Ohren vom Kopf essen	Die Haare vom Kopf essen
als zoete broodjes	wie süße Brötchen	wie warme Semmeln

Eine spezielle Form (succesimperatief) wird verwendet, um jemandem etwas zu wünschen: Man bildet den Imperativ vom Verb und fügt noch ein „ze" (sie / man / ihr) hinzu: Werk ze (Arbeite sie!) = frohes Schaffen, oder „eet ze" (Iss sie!) = guten Appetit, „slaap ze" (Schlaf sie) = Schlaf gut etc.

Wer nach einiger Zeit des Niederländischen ein wenig mächtig ist und weitere Redewendungen erlernen oder nachschauen möchte, dem seien die folgenden Seiten empfohlen:
http://nl.wikipedia.org/wiki/Lijst_van_Nederlandse_spreekwoorden_A-E
http://nl.wikiquote.org/wiki/Nederlandstalige_gezegden
http://nl.wikiquote.org/wiki/Nederlandstalige_spreekwoorden

Redewendungen, die man an der Uni hören könnte

voor het eerst	zum ersten Mal
geschneden koek	sehr einfach, kann man schon
alle zeilen bijzetten	sich schwer ins Zeug legen
alles uit de kast halen	sich anstrengen
ik snap er niks van	ich versteh gar nichts / Keine Ahnung
ja, daag!	ich glaub's auch
weet ik veel	keine Ahnung
ik word er beroerd van	das regt mich tierisch auf
het wordt me allemaal te veel	es wächst mir über den Kopf
rustig blijven	ganz ruhig
't Is goed, hoor	passt schon
laat maar zitten	schon gut, vergiss es
maak je niet druk	mach dir keine Sorgen / nimm's leicht
ik red me wel	ich schaff' das schon
geeft niet	macht nichts
je werkt op mijn zenuwen	du gehst mir auf die Nerven
wat raar zeg	das ist ja merkwürdig
lijkt me een goed idee	klingt gut (wortwörtlich: "Scheint mir eine gute

	Idee")
dat lijkt me niet verstandig	würd' ich nicht machen (wortwörtlich: "Scheint mir nicht so schlau")
dat is niet zo slim	das ist nicht so klug
helaas, pindakaas	Pech gehabt (Kindersprache)
hou op zeg	was du nicht sagst
stilte a.u.b.	ruhe bitte
je zit te mopperen	du meckerst herum
ik heb het helemaal gehad	mir reicht's jetzt wirklich

Quelle einiger Redewendungen: Wikibooks

„Ouwehoeren" würde wortwörtlich übersetzt wohl alte Prostituierte bedeuten, wird jedoch umgangssprachlich für „quatschen/labern" gebraucht, je nach Zusammenhang im negativen oder positiven Sinn.

Besondere Wörter – kleine Auswahl

Teefoonbotje – "Telefonknöchelchen": So nennen die hier den Musikknochen – diesen fiesen Knochen am Ellbogen, der so schön weh tut, wenn man ihn sich stößt.
Süß finde ich auch das Wort "ijsberen". Also "eisbären". Das wird hier als Verb benutzt in Fällen, in denen wir "tigern" sagen. Er eisbärte stundenlang vor der geschlossenen Tür auf und ab. „Lucifer" bedeutet Streichholz und „angsthazig" spricht wohl für sich selbst. Auch ein „Nachtmerrie", also ein Albtraum, klingt dann doch gleich viel weniger schlimm.
„Sporten", „internetten", „tennissen", „pinnen" etc.: Die Niederländer verwandeln ein Nomen gerne in ein Verb, und statt umständlich Tennis zu spielen, „tennist" man halt einfach! Drückt man jemandem die Daumen, dann „duimt" man für ihn. Sehr unkompliziert!

Verkleinerungen

Zu guter Letzte darf eine Besonderheit der niederländischen Sprache nicht fehlen: Die Verkleinerungen (Diminutiv)! Man hört unzählige Worte im Alltag, die auf „je" (oder –etje, -kje, -pje oder -tje) enden. In der Regel sind dies ganz normale Worte, die einfach in die Verkleinerungsform gebracht werden, um dem ganzen den Ernst zu nehmen, um es etwas gemütlicher und geselliger klingen zu lassen. Auch im Deutschen haben wir die Möglichkeit, „chen", „lein" oder „le" anzuhängen (Wetterchen, Tischlein, Häusle,), aber so exzessiv wie bei den Niederländern wird dies bei uns nicht gebraucht. „Zullen we eventjes een filmpje

gaan kijken?“ wäre halbwegs zu übersetzen mit „Sollen wir mal ebendchen ein Filmchen gucken?“ und gar kein so abwegiger Satz im Nachbarland.
„Ik heb een kamertje gehuurd“ (ich hab ein Zimmerchen gemietet), „morgen heb ik een dagje vrij“ (Morgen habe ich einen Tagchen frei), „zullen we eens lekker in het zonnetje gaan zitten“ (Sollen wir mal lecker im Sönnchen sitzen?) – alles, was kurz oder klein gemacht werden kann, wird es in der Regel auch. Vielleicht ist das auch ein Punkt, warum sich die Sprache für uns besonders anfangs so niedlich anhört.

Weiterführende Links zur Sprache:
www.unilang.org/course.php?res=63 und ganz besonders
http://infos-fuer-alle.de/niederlaendisch/MinikursNiederlaendisch.html.

STUDIEREN

Welche Vorteile bietet ein Studium in den Niederlanden? Nun, da gibt es Diverse: Die meisten Studiengänge sind viel persönlicher, kleiner und man bekommt dadurch eine ausgezeichnete Betreuung. Außerdem ist das Studium sehr praktisch ausgelegt und man lernt anhand von Fallbeispielen, aktuellen Projekten und Problemen aus der Wirtschaft. Natürlich wirken sich diese Faktoren auch positiv auf den Lerneffekt aus. Der Zugang zu einem Studium ist oft einfacher als bei uns, da die meisten Studiengänge nicht zulassunsbeschränkt sind – und in den wenigen Ausnahmefällen mit Zulassungsbeschränkung ist dieser nicht durch einen bestimmten Notenschnitt geregelt, sondern durch ein Losverfahren.

Ein Studium im Ausland macht sich gut im Lebenslauf, man verbessert seine Englischkenntnisse, lernt eine weitere Sprache und kann später von internationaler Erfahrung und Ausbildung profitieren. Es bietet einem neue Perspektiven – es gibt nämlich eine Vielzahl an Studiengängen, die so bei uns gar nicht existieren – und auch für die persönliche Entwicklung kann ich nichts Besseres empfehlen, als einmal "raus zu kommen" aus der gewohnten Umgebung und auf sich allein gestellt zu schauen, wie man in der großen weiten Welt (okay, SO weit sind die Niederlande dann auch wieder nicht weg) zurechtkommt.
Seit den Vereinbaren der Bologna Konferenz von 2003 sind die Abschlüsse Bachelor, Master und PhD international anerkannt und somit kannt man (in 99 % der Fälle) ohne Probleme in anderen Ländern weiterstudieren und arbeiten.

Insgesamt studierten laut Dachorganisationen der Fachhochschulen und Universitäten HBO-Raad und VSNU ganze 25042 deutsche Studenten in den Niederlanden, davon 14481 an Fachhochschulen und 10561 an Universitäten. Hierbei sieht die Verteilung wie folgt aus:

Deutsche Studierende an niederländischen Fachhochschulen 2009-2011 nach Fachbereichen:

	2009	2010	2011
Fachbereich Landwirtschaft/Umwelt	327	378	319
Fachbereich Wirtschaft/ Recht	6288	6926	7099
Fachbereich Gesundheitswesen	1876	1862	1747
Fachbereich Lehramt	337	363	330
Fachbereich Sozialwesen	2195	2474	2597
Fachbereich Technik/Naturwiss.	1044	1219	1333
Fachbereich Kunst	1230	1128	1056

Quelle: HBO-Raad

Deutsche Studenten sind überdurchschnittlich erfolgreich: Laut DUO erzielen Deutsche Abschlussnoten, welche um eine halbe Note höher liegen als die der Niederländer. Ihre Studienerfolgsquote liegt fast um ein Viertel höher. Wenn man sich eh schon dazu entschieden hat, im Ausland zu studieren, dann strengt man sich vermutlich auch besonders an. Die angeblich gesunkene Qualität der niederländischen Gymnasialausbildung sowie die „Sesjescultuur", auf die später noch eingegangen wird, spielen sicher auch eine Rolle bei diesen unterschiedlichen Leistungen.
Laut dem EDU-CON Mitarbeiter Robert Marzell finden über 95% der Fachhochschulstudenten innerhalb von drei Monaten nach ihrem Studium eine Beschäftigung – die Arbeitsmarktchancen stehen also sehr gut.

Ein Interview über mein Studium kann im Vorfeld auf einen Blick einige Fragen beantworten und hoffentlich davon überzeugen, dass ein Studium in den Niederlanden wirklich lohnt.
Links zu unzähligen weiteren Erfahrungsberichten, auch in Videoform, befinden sich im Linkverzeichnis (s. Anhang).

Stefanie Geisen – 2. Jahr Bio-Informatik, 2011
'Mein Studium könnte nicht besser laufen und ich bin absolut zufrieden!'

Informatik und Forschung kombinieren
Informatik war eh immer schon mein Ding, ich habe mich aber auch für Forschung interessiert, vor allem im biologischen Bereich, Neurologie, Krebsforschung und Genetik. Vor ca. 2 Jahren habe ich dann von dem relativ neuen Studiengang Bio-Informatik gehört und war gleich hellauf begeistert.
Der Gedanke, das Studium an einer deutschen Universität in einem Hörsaal mit 400 Mitstudenten zu absolvieren erschien mir aber nicht so attraktiv – ich bin eher jemand, der durch Ausprobieren, Projekte, Lernen in kleinen Gruppen etc. profitiert statt sich trockene Theorie anzuhören.

Ein Bekannter von mir hat in den Niederlanden studiert und mir davon vorgeschwärmt, wie gut dort die Betreuung durch Dozenten ist, wie modern die Lerninhalte sind und wie international alles ausgerichtet ist. Nach weiterer Internetrecherche und dem Lesen von Erfahrungsberichten war ich dann vollends überzeugt, in den Niederlanden studieren zu wollen.

Der Studiengang Bio-Informatik wird an drei Standorten in den Niederlanden angeboten. Die Wahl, an die Hanze in Groningen zu gehen, fiel dann nach einem Tag der offenen Tür – das Gefühl hat einfach gleich gestimmt und die Stadt ist auch nicht ganz so weit von meiner Heimatstadt entfernt.
Mein Studium könnte nicht besser laufen und ich bin absolut zufrieden! Die Dozenten sind immer für einen da; auch wenn man den Lernstoff nicht versteht, kann man so lange fragen, bis man es wirklich verstanden hat. Ich gebe zu, dass

der Anfang etwas hart war: Unterricht auf Niederländisch, Lerninhalte, die ich mir selbst erarbeiten musste, weil ich ein Jahr übersprungen habe – aber jetzt nach einem guten halben Jahr kann ich wirklich sagen, dass ich angekommen bin. Ich habe mich eingelebt und komme mit der Sprache, meinen Mitstudenten und den Lerninhalten super zurecht.

Kleine Gruppen machen das Lernen effektiv
Was mir besonders gut gefällt, ist, dass mein Studiengang vermutlich einer der kleinsten an der Hanze ist – wir sind teilweise nur 10 Personen; zudem gibt es Kurse mit nur 3 Personen. Ich kann mir kaum vorstellen, dass man in Deutschland so kleine Kurse stattfinden lassen würde.

Was ich ganz toll finde, ist der Aufbau des Studiums anhand von Projekten: Man hat ein Hauptprojekt pro Quartal, z.B. mussten wir in diesem Quartal untersuchen, ob es möglich ist, ein DNA-Microarrray für den Parasiten Plasmodium falciparum (Malariaerreger) zu produzieren. Es geht hierbei sowohl um die Durchführung im Informatikbereich (Skripte programmieren um die Gendaten zu verarbeiten, Datenbanken planen) als auch um die biologische Seite (Was wird für ein Microarray benötigt, wie verlässlich sind die vorhandenen Daten, welchen Problemen, z.B. durch Auffalten von kurzen DNA-Strängen, kommt man entgegen).

Stärken nutzen
Neben diesem Projekt, an dem man ca. 15-20 Stunden pro Woche arbeitet, hat man weitere Fächer, die genau dieses Thema unterstützen, z.B. Biochemie, Genetik, Statistik oder auch Datenbanken. Für das Projekt bekommt man so das nötige Hintergrundwissen geliefert.
Ebenfalls finde ich es richtig gut, dass hier jeder die Möglichkeit hat, seine Stärken zu nutzen und sich in die Bereiche, die einen interessieren, zu vertiefen und Sonderprojekte zu machen.

Groningen, eine Stadt zum Wohlfühlen
Groningen ist eine Traumstadt, hier kann man sich nur wohlfühlen! Es gibt hier wirklich für jeden die Möglichkeit seine Freizeit angenehm zu gestalten, sei es durch Sportangebote, Ausflüge, den Stadtpark, Konzerte, Kultur etc.
Der einzige Nachteil ist, dass die Mietpreise hier unheimlich hoch sind. Aber wenn man rechtzeitig beginnt nach einem Zimmer Ausschau zu halten (hier kann ich die zwei Groningen Gruppen auf studiVZ empfehlen) kommt man oft auch an ein gutes, bezahlbares Zimmer!

Alles in allem würde ich diese Wahl wirklich immer wieder treffen!

So, und nach dem Interview geht es jetzt ans Eingemachte!
Nach den vier wesentlichen Abschnitten, die durch Studienwahl, Anmeldung, Wohnungssuche und die erste Studienzeit führen, ist noch eine Übersicht der niederländischen Universitäten und Hochschulen zu finden. Einige persönliche

Erfahrungen und Tipps anderer Studenten sowie ein Fazit werden ganz zum Schluss noch mit auf den Weg gegeben.

Bevor es losgeht

Nützliche Links

Im Internet finden sich eine Vielzahl an Informationen zum Thema Studieren in den Niederlanden, auch speziell zugeschnitten auf deutschsprachige Interessenten. Für mein Studium habe ich mich vornehmlich mit Hilfe dieser zwei Webseiten vorbereitet:

www.studienscout-nl.de
www.studieren-in-holland.de
Beide bieten eine großartige Übersicht über alle verfügbaren Studiengänge der Bachelor- und Masterstudien, an welchen Universitäten oder Hochschulen diese angeboten werden und ob sie zulassungsbeschränkt sind.

Auch über die Finanzierung wird hier gesprochen und viele persönliche Erfahrungsberichte runden das Ganze ab.
Am besten meldet man sich gleich für beide Newsletter an, die immer wieder nützliche Tipps, Videos, Erfahrungsberichte und Inhalte interessanter Studiengänge enthalten. Auf der Website "studieren-in-holland.de" von der Educon stagegic education consulting GmbH, lässt sich ebenfalls eine sehr gute Info CD bestellen. Auch kann man sich die kostenlose „Studieren in Holland" App für sein Android Telefon herunterladen. Umfassende Informationen kann man zudem auf Englisch auf der Seite der DUO (Dienst Uitvoering Onderwijs), der offiziellen Anlaufstelle für alles rund um das Studium in den Niederlanden inklusive niederländischer Studienfinanzierung, finden.

Was studieren?

Natürlich muss man sich im Vorfeld erst einmal darüber im Klaren werden, WAS man denn genau studieren möchte. In den Niederlanden gibt es natürlich viele Studiengänge, die auch bei uns vertreten sind, aber eben auch einige, die– zumindest in der Form – bei uns so nicht existieren. Beispiele gefällig?

Medizinische Diagnostik, BML (Biologie en Medisch Laboratoriumonderzoek = Biologie und medizinische Laborforschung), Garten- und Landschaftsmanagement, Geo Media & Design, Horticulture and Business Management, International Food & Agribusiness, Landscape Design, Stadt- und Regionalplanung, International Music Management, Asian Business Studies, Advanced

Sensor Application, Safety & Security Management, Equine, Leisure and Sports, Anthropology and Development Studies, Behavioural Sciences, Horse Business Management, Geburtshilfe, Int. Game Architecture and Design, Food and Flower Mangement, Forensische Orthopädagogik, Forensica, Criminologie en Rechtspleging, Gender, Sexuality and Society, Cognitive Neuropsychology, und und und.
Logopädie gab es bei uns bis vor wenigen Jahren zwar als Ausbildung, jedoch nicht als Studium – in den Niederlanden schon. Es wird zusammen mit Physiotherapie und Ergotherapie bei uns nur an privaten Hochschulen angeboten, die meist teurer sind als das Studium in den Niederlanden. Eine Ausnahme scheint die Hochschule für Gesundheit in Bochum (DE) zu sein, welche Logopädie und Physiotherapie als Bachelorstudiengänge anbieten – ohne hohe Studiengebühren und nur mit den normalen Semesterbeiträgen, die auch an anderen Hochschulen und Universitäten üblich sind. Da dies jedoch eine der wenigen Hochschulen ist, die diesen Studiengang anbieten, dauert es vermutlich noch etwas, bis ein etablierter Lerninhalt geboten werden kann. Zudem kann über die Anerkennung dieser Studiengänge noch nicht viel gesagt werden. In den Niederlanden dagegen bestehen diese Studiengänge schon länger und sind daher allgemein anerkannt.

Ebenso haben einige Studiengänge bei uns einen hohen NC oder andere strenge Zulassungsbedingungen, die man in den Niederlanden nicht vorfindet. Z.B. kann man Psychologie ("Angewandte Psychologie" heißt der Studiengang) an der Hanze University of Applied Science in Groningen unabhängig vom NC auf Englisch studieren, was es für viele deutschsprachige Studenten sehr attraktiv macht. Bei sehr stark besuchten Studiengängen haben sich unsere Nachbarn ein spezielles Losverfahren ausgedacht, auf welches später noch eingangen wird.

Auf den bereits genannten Studieninfoseiten findet man eine detaillierte Auflistung inklusive einer genauen Beschreibung der jeweiligen Studieninhalte, eventueller Zulassungsbeschränkungen und Links zu den Universitäten und Hochschulen, an denen man diese Studiengänge studieren kann. Oft kann man sich hier direkt kostenlose Prospekte bestellen, die alle Informationen im Detail enthalten.
Es ist auch anzuraten, sich einmal ganz in Ruhe auf den Internetseiten einiger Unis und Hochschulen umzusehen; viele haben einen deutschsprachigen Bereich, und man findet neben vielen Informationen auch Erfahrungsberichte und Videos online. Wer noch gar nicht weiß, in welche Richtung er gehen möchte, dem sei die Internetseite des Institutes für Berufswahl ans Herz gelegt.

In welcher Stadt man studieren möchte, kann die Entscheidung natürlich auch beeinflussen. Vielleicht möchte jemand unbedingt in Grenznähe zu Deutschland bleiben, ein anderer hat Freunde in Amsterdam. Viele niederländische Städte haben auf ihren Internetseiten auch Informationen auf Deutsch; Groningen z.B.

hat einen deutschen Newsletter und sogar deutschsprachige Stadtrundführungen – mehr Infos auf www.marketinggroningen.nl.

Tag der offenen Tür

Es ist eine gute Idee, sich einen Tag der offenen Tür anzuschauen. Man bekommt so einen Eindruck von der Uni/Hochschule, vom Personal, der Atmosphäre und natürlich der Stadt und kann viele Informationen über angebotene Studiengänge bekommen. Oft finden kleine Präsentationen zum Inhalt eines Studiengangs statt und es gibt Studentenhelfer, denen man konkrete Fragen, auch zu eigenen Erfahrungen, stellen kann.

Informationstage in Deutschland

Regelmäßig werden in Deutschland (vor allem in Grenzstädten zu den Niederlanden) Informationstage an Universitäten oder Berufsinformationszentren und dergleichen veranstaltet. Hierbei stellen Vertreter einiger Universitäten und Hochschulen aus den Niederlanden Studiengänge und das Studium im Nachbarland vor. Termine hierzu werden z.B. im Studienscout Newsletter (Anmeldung über www.studienscout-nl.de) verschickt. So ist es je nach Wohnort evtl. nicht mal notwendig, weit zu reisen, um sich im Vorfeld gründlich zu informieren.

Studiendauer

In den Niederlanden dauert das Bachelorstudium an Fachhochschulen meist 4 Jahre. Ein Jahr des dortigen Studiums besteht jedoch aus Praktika, deren Wert nicht zu unterschätzen ist – sowohl auf dem Arbeitsmarkt als auch bei einem Weiterstudium. Die Fragen, wofür man das denn alles gelernt hat und wie sein zukünftiges Arbeitsleben aussehen könnte, werden beantwortet. Für Ungeduldige kann noch das verkürzte Studium als sogenannter "VWO-Instromer" interessant sein – hierzu später mehr.

An den Universitäten ist ein Bachelorstudium meist auf 3 Jahre ausgelegt. Nach einem erfolgreichen Bachelorabschluß kann man gleich mit dem aufbauenden Master beginnen.

Die Dauer des Masters ist unterschiedlich; am längsten dauern Theologie, Zahnmedizin und Medizin mit 3 Jahren, dann kommen die naturwissenschaftlichen Fächer sowie Ingenieurwissenschaften, Mathematik und klinische Psychologie mit 2 Jahren. Die übrigen Studiengänge (geistes- und sozialwissenschaftliche, rechts- und wirtschaftswissenschaftliche Studiengänge) dauern nur ein Jahr.

Studieren – auf Englisch oder Deutsch?

Ja, auch das ist möglich und stellt vielleicht eine gute Alternative für jemanden dar, der sich das Niederländische nicht zutraut oder vor allem sein Englisch verbessern möchte. Masterstudiengänge sind zudem fast immer Englischsprachig. Bei englischen Studiengängen wird als Zulassung evtl. ein TOEFL oder IELTS Test – beides international anerkannte Englischtests – verlangt, aber meist reicht es sogar, wenn man bis zum Schulabschluß (insgesamt 8 Jahre) das Fach Englisch hatte.
Hier eine Übersicht der englischsprachigen Studiengänge:

Mensch und Gesellschaft

Liberal Arts Studium
International European Law
International Public Management
Psychologie (nur an der Universität Groningen)

Gesundheitswesen

Humanmedizin (nur an der Universität Groningen)
Physiotherapie Studium
Pharmaceutical Sciences

Kunst und Design

Art & Communication Design
Fine Arts (Autonome bildende Kunst)
Kunst & Technik
Fashion Design (Mode)
Game Architecture and Design
Industrial Design Engineering

Sprache und Kultur

European Studies
Asian Business Studies

Technik

Advanced Sensor Applications

Aerospace Engineering – Luft- und Raumfahrttechnik
Process & Food Technology

Wirtschaft und Management

Communication Studies
Economics
Entrepreneurship in Developing areas
Facility Management
Hotelmanagement
Human Resource Management
International Business
International Business Administration
International Business & Management Studies
International Business & Economics
International Management
International Marketing Management
International Communication & Media
International Business and Languages
Tourismus- und Freizeit Management
International Logistics and Economics
International Logistics and Transport Management
International Traffic Management
International Finance and Accounting
International Finance and Control
International Financial Management
Safety and Security Management
Trade Management Asia
Agrar und Natur
International Food Business

Schon ganz schön viel Auswahl, oder? Natürlich gibt es noch wesentlich mehr Studiengänge auf Niederländisch. Diese sollte man auf jeden Fall erst einmal ausprobieren, wenn sie einem etwas mehr zusagen. Nur dann lässt sich feststellen, ob es nicht doch ganz gut klappt mit der niederländischen Sprache. Ansonsten gibt es ja später immer noch die Möglichkeit, zu einem englischsprachigen Studiengang zu wechseln.

Übrigens sind European Studies, International Business und Economics and Business Economics neben Psychologie die beliebtesten Studiengänge deutschsprachiger Studenten in den Niederlanden.

Studiengänge, die komplett auf Deutsch unterrichtet werden, findet man natürlich viel weniger und oft auch nur in grenznahen Städten, sie werden jedoch voraussichtlich in Kürze ganz abgeschafft.

Uni vs. Hochschule

Auch im Nachbarland sind die Hochschulen (Hogeschool, HBO) praktischer ausgelegt mit starkem Fokus auf Berufsvorbereitung, während die Universitäten (Universiteit, WO) theoretischer und forschungsorientierter sind. Für das Studium an einer Universität benötigt man die allgemeine Hochschulreife bzw. Matura, während für ein Hochschulstudium die Fachhochschulreife genügt.
Michael Lülf: „Die Arbeitsbefähigung der Absolventen ist hier besonders groß, dank hohem Praxisbezug des Studiums."

Ansonsten hat man jedoch keine beruflichen Einschränkungen nach einem Hochschulstudium; man kann in den Niederlanden (oft im Gegensatz zur Heimat) auch mit dem Hochschulbachelor in die Forschung gehen, jedoch nicht immer direkt an einer Universität den Masterstudiengang belegen. Da das Fachhochschulstudium inhaltlich meist nicht so sehr in die Tiefe geht wie das Universitätsstudium, muss man in den meisten Fällen beim Übergang vom Fachhochschulbachelor zum Universitätsmaster ein sogenanntes "Schakelprogramma" (Pre-Master), also Zwischenprogramm, belegen. Dieses dauert 6 oder 12 Monate, und ist Voraussetzung, um an einer Universität weiterstudieren zu können. Einige Kurse, die man in diesem Schakelprogramma hat, kann man schon während der Hochschulzeit belegen – so verringert sich später der Arbeitsaufwand und man hat Zeit, um z.B. in dem halben Jahr auch nebenbei zu jobben und Geld für das weitere Studium zu sparen.

Nach meinem Fachhochschulbachelor in Bioinformatik müsste ich z.B. für den Master in Wageningen dieses Schakelprogramma machen, für den Master in Amsterdam jedoch nicht. Bei einem Masterstudium in Deutschland ist so etwas nicht notwendig, da kann ich in jedem Fall gleich weiterstudieren.
Allerdings kann es auch vorkommen, dass die theoretischen Kenntnisse eines niederländischen Bachelors zu einem Masterstudium in der Heimat nicht ausreichen – hier ist es wichtig, sich im Vorfeld schlau zu machen. Kritische Stimmen bemängeln, dass ein Studium an einer Hogeschool keinesfalls mit dem an einer deutschen Fachhochschule gleichzusetzen sei:

“Hogescholen zählen in den Niederlanden zwar zur tertiären Bildung, gehören darin aber zur Kategorie »HBO« (Hoger Beroeps Onderwijs = Höhere Berufsschule). Die Bezeichnung Hogeschool ist somit nicht mit der deutschen Bezeichnung Hochschule gleichzusetzen.”

Bei so einem breiten Angebot an interessanten Bachelorstudiengängen an den Fachhochschulen, sollte man sich jedoch trotzdem nicht im Vorfeld uninformiert abschrecken lassen. Auf den meisten Internetseiten der Universitäten findet man die benötigten Vorkenntnisse, und im Zweifel genügt ein Anruf oder eine E-Mail, um alle Fragen zu klären.

Aus eigener Erfahrung kann ich sagen, dass der niederländische Hochschulbachelor mich sehr gut auf das Masterstudium in Deutschland vorbereitet hat. Einige Themengebiete wurden nicht so intensiv behandelt (z.B. der Bereich Mathematik, der in deutschsprachigen Informatikstudiengängen ja ausführlich abgearbeitet wird), dafür habe ich auf anderen Gebieten mehr Hintergrundwissen als Studenten mit einem (Universitäts!) Bachelorstudium in Deutschland. Auch von den anderen Mitstudenten/-innen aus meinem Sprachkurs – alle mit unterschiedlichen Studiengängen – hat sich niemand über fehlende Qualität, Tiefe oder Arbeitsaufwand in seinem Studium beschwert. Erfahrungsberichte am Ende dieses Kapitels unterstreichen dies noch.

Alles in allem hängt es sehr von der Wahl des Studiengangs ab. Hat man die Möglichkeit, Studenten zu befragen, die sein Wunsch-Bachelorstudium bereits abgeschlossen und danach weiterstudiert haben, sollte man dies auf jeden Fall nutzen.

Studienformen

Neben dem bislang vorgestellten Vollzeitstudium hat man auch die Möglichkeit, ein Teilzeitstudium zu machen. Dies wird häufiger genutzt als bei uns und normalerweise arbeiten die Teilzeitstudenten dann nebenbei in einem Betrieb, der sogar oft die Studiengebühren bezahlt.

Dualstudium ist eine andere Variante, bei der man die ersten zwei Jahre in Vollzeit studiert und danach zu einem Teilzeitstudium wechselt. Üblicherweise hat man die Möglichkeit, sich noch während des Studiums dazu zu entscheiden, später ein Dualstudium hieraus zu machen.

Wer sich noch kein komplettes Studium im Ausland zutraut, kann trotzdem über ein Auslandssemester oder ein Auslandsjahr nachdenken.

Das ist natürlich nicht ganz das Gleiche in Bezug auf das Eintauchen in die niederländische Kultur und das alltägliche Leben, kann einem aber dennoch einen guten Einstieg und viele wunderbare Erfahrungen bieten.

Master

Die Umstellung auf das Bachelor-Master-System in den Niederlanden erfolgte viel früher als bei uns und lief sehr problemlos ab, da die Lerninhalte größtenteils identisch bleiben konnten und sich nur der Abschlusstitel geändert hat.

Bei niederländischen Masterstudiengängen, die an Fachhochschulen und an Universitäten angeboten werden, gelten die gleichen Regelungen wie bei einem Bachelorstudiengang:

Die Anmeldung erfolgt über www.studielink.nl; die meisten Masterstudiengänge sind nicht mittels Noten zulassungsbeschränkt. Ein ausländischer Bachelorabschluss wird meist ohne Probleme bei der Masterzulassung anerkannt – einzige Ausnahme: Wer an einer ausländischen Fachhochschule den Bachelor erhalten hat und an einer niederländischen Universität studieren möchte, muss hier ggf. einige Vorkurse belegen. Dies ist übrigens auch der Fall, wenn man an einer niederländischen Fachhochschule das Bachelordiplom erhält (siehe Abschnitt Uni vs. Hochschule).

Sollten zusätzliche Unterlagen an die jeweiligen Hochschulen / Universitäten geschickt werden müssen, ist es natürlich wichtig, die entsprechenden Fristen zu berücksichtigen. Die Unterlagen sollte man so früh wie möglich abschicken, denn in einigen Fällen haben frühere Bewerbungen bessere Chancen.

Einige Masterstudiengänge können übrigens auch berufsbegleitend absolviert werden. Fast alle Masterstudiengänge werden zudem auf Englisch angeboten, was für den späteren Arbeitsmarkt oft von Vorteil ist.

Die Studiengebühren sind identisch mit den Bachelorstudiengebühren – zumindest an öffentlichen Hochschulen und Universitäten. An privaten Universitäten können Sie, wie bei uns auch, wesentlich höher sein.

Anerkennung der Abschlüsse

Da die Studieninhalte der vorhandenen Studiengänge gleichwertig sind, ist die Anerkennung der niederländischen Abschlüsse Bachelor und Master bei uns normalerweise kein Problem. Mit einem international anerkannten niederländischen Hochschulabschluss (in meinem Beispiel Bioinformatik) kann man auch an einer Universität bei uns weiterstudieren, um den Master zu machen. Die einzigen Studiengänge, die man nicht in den Niederlanden studieren sollte, um später in der Heimat berufstätig werden zu können, sind Rechtswissenschaften/Jura und so etwas wie Steuerrecht etc., also alles, was eben speziell auf die Niederlande gemünzt ist und dann nicht 1:1 auf andere Länder übertragbar ist. Grundschullehramt – übrigens ohne Refendariat – kann unter bestimmten Umständen anerkannt werden, für Details hierzu empfehle ich die Info CD von studieren-in-holland.de und die Kurzfassung dieser Infos auf ihrer Website.

Ansonsten steht euch die Welt (bzw. die Niederlande) offen und einige niederländische Abschlüsse sind sogar höherwertig als unsere; wenn es z.B. bei uns nur eine Berufsausbildung gibt, man das gleiche Fach in den Niederlanden jedoch studieren kann (Beispiel: Krankenpflege und meist auch Physiotherapie).

Deutschsprachiges Helferteam

Viele Universitäten haben ein Team zusammengestellt, welches den neuen deutschsprachigen Studenten mit Rat und Tat zur Seite steht. An der Hanze Hogeschool in Groningen nennt sich dies "D-Team". Am Tag der offenen Tür halten sie eine Präsentation – auf Deutsch, sehr praktisch! – und geben auch ihre Erfahrungen und Tipps zu Themen wie Wohnungssuche, verlängerte Prüfungszeit für Ausländer etc. weiter. Stellt also ruhig schon im Vorfeld eure Fragen, falls diese nicht auf der Website des jeweiligen Teams oder auf den deutschsprachigen Seiten der Uni/Hochschule beantwortet sind.

Numerus clausus / fixus

Zur Zulassung zum Studieren benötigt man die Fachhochschulreife bzw. allgemeine Hochschulreife. Ist man älter als 21 Jahre, so kann man an den Fachhochschulen eine Aufnahmeprüfung ablegen und bei Bestehen auch ohne die Fachhochschulreife studieren; an Universitäten ist dies jedoch nicht möglich.

Eine Numerus Clausus Beschränkung auf einen bestimmten Mindestnotendurchschnitt ist nicht vorhanden, auch nicht auf Studiengängen, die bei uns einen NC haben, wie z.B. BWL, Sozialpädagogik/Soziale Arbeit, Pharmazie oder Biologie.

Abhängig vom Studiengang sind jedoch manchmal Eingangsbestimmungen festgelegt. Logopädie, Sport, Hebammenwesen sowie Musik und Kunst haben z.B. eine Aufnahmeprüfung oder ein spezielles Auswahlverfahren.
Bei der "Angewandten Psychologie" an der Hanze Hogeschool in Groningen z.B. sieht ein Auswahlverfahren wie folgt aus:

Nach der Anmeldung erfolgt von der Lehranstalt eine Einladung zu einem Auswahltag, der im Juni in Groningen stattfindet. Auswahlkriterien sind unter anderem: Auffassungsgabe, Persönlichkeit, Motivation für den Studiengang und Vorbildung. Nach diesem Auswahltag trifft die Lehranstalt eine Wahl welche Studenten zugelassen werden.

Nur wenige Studiengänge haben überhaupt eine Zulassungsbeschränkung, einen sogenannten „Numerus fixus“.

Neben dem „Instellingsfixus“ – wenn sich zu viele Bewerber für einen Studiengang einschreiben – gibt es auch noch den sogenannten „Opleidingsfixus“, der durch den Staat aufgrund des Arbeitsmarktes begrenzt wird (z.B. bei Tiermedizin, Humanmedizin und Zahnmedizin). Der Opleidingsfixus gilt landesweit, also an allen Universitäten und Hochschulen. Der Instellingsfixus kann hingegen teilweise erst während des Bewerbungsprozesses festgestellt werden, somit ist hier nicht immer im Vorfeld bekanntgegeben, dass eine Begrenzung der Platzangebote erwartet wird (z.B. Pharmazie an der Universität Utrecht).

Da dieses sogenannte „Decentrale loting“ (Dezentrales Losen) schon sehr früh stattfinden kann, muss man sich unter Umständen schon bis vor dem 15. Januar für den jeweiligen Studiengang anmelden. Mehr hierzu kann man auf den Seiten der DUO erfahren – inklusive einer Auflistung der Studiengänge und Hochschulen, an denen dieses Verfahren durchgeführt wird.
Man kann sich jeweils nur für einen Studiumplatz mit Numerus fixus oder Auswahlverfahren einschreiben, jedoch parallel auch noch für weitere, nicht zulassungsbeschränkte Studiengänge. Dies kann zur Absicherung ganz praktisch sein – so steht man keinesfalls ohne Studienplatz da, auch wenn man nicht im Auswahlverfahren gewählt wird.

Wie funktioniert das genau mit dem Numerus fixus? Nun, hier wird wie erwähnt ein Losverfahren angewandt. An der Hanze Hogeschool in Groningen läuft das z.B. so: Je nach Notendurchschnitt wird ein Niederländer in bestimmte Gruppen eingeteilt, von A bis E. Deutsche (es werden hier weder Österreicher noch Schweizer erwähnt) kommen automatisch in die Gruppe C. Aus der Gruppe A werden alle genommen, aus der Gruppe B ein großer Prozentsatz, aus Gruppe C ein mittlerer und so weiter. Hat man einen Notendurchschnitt von 1,1 oder 1,0, so kann man zudem Antrag auf Zuordnung zu Losgruppe A stellen. Wie bei den anderen Studiengängen auch, muss man sich hierzu via „studielink.nl“ anmelden und nimmt dann am Auswahlverfahren teil. Ganz ganz wichtig ist es hier, dass die Anmeldung früh durchgeführt wird, denn für Studiengänge wie z.B. Physiotherapie muss die Anmeldung schon vor dem 1. Februar erfolgen. Für die anderen Numerus Fixus Studiengänge findet das Losverfahren normalerweise schon am 15. Mai statt.
Mischformen, in denen zunächst ein – meist strengeres – Auswahlverfahren und dann für die restlichen Plätze ein Losverfahren angewandt wird, sind auch vorhanden.

Sollte die Zulassung nicht geklappt haben, bleibt einem auch noch die Möglichkeit, sich zunächst für einen ähnlichen, zulassungsfreien Studiengang an der gleichen Universität oder Hochschule einzuschreiben und im nächsten Jahr erneut eine Bewerbung loszulassen (falls einem dann der andere gewählte Studiengang nicht sogar noch besser gefällt). An den meisten Universitäten und Hochschulen bei uns kann ein ausländisches Studiumjahr oder –semester übrigens als Wartesemester angerechnet werden und somit ggf. als sinnvolle Überbrückungszeit genutzt werden.

Studiengänge mit Numerus fixus lassen sich unter www.studielink.nl und dem Menüpunkt „Loten“ (zu Deutsch: Losen) nachschauen.
Auf den Webseiten www.studienscout-nl.de und www.studieren-in-holland.de findet man zudem zu jedem Studiengang auch besondere Auswahlbedingungen,

wenn vorhanden, die sich natürlich je nach Universität oder Hochschule etwas voneinander unterscheiden können. Ursprünglich hatte das Losverfahren schon längst abgeschafft werden sollen, sodass Universitäten und Hochschulen jeweils angehalten sind, ihre Bewerber selbst nach anderen Kriterien auszuwählen. Diese Abschaffung ist bislang jedoch noch nicht durchgeführt worden.

Für einige Studiengänge ist es Voraussetzung, eine bestimmte Fächerkombination bis zum Abitur bzw. zur Fachhochschulreife gehabt zu haben. Für ein Medizinstudium an der Universität Nimwegen werden z.B. folgende Voraussetzungen verlangt:

Staatsexamen Niederländisch als Fremdsprache (NT2) sowie die Allgemeine Hochschulreife (Abitur bzw. Matura) mit Biologie als Leistungsfach, Chemie als Grundkurs, Physik als Grundkurs und Mathematik bis zum zwölften Schuljahr.
Die letzten Schuljahre sind etwas anders aufgebaut als bei uns. Man wählt nicht einzelne Leistungsfächer, sondern Pakete bzw. Profile. Man kann z.B. ein naturwissenschaftliches Paket wählen und hat dann gleich alles dabei – Biologie, Mathematik, Chemie, Physik – während man bei uns meist ein Schwerpunktfach aus jedem Bereich wählen muss.

Da es eben bei uns etwas anders abläuft, kann man unter Umständen Glück haben und trotzdem zugelassen werden. Wichtig ist hier eine möglichst frühre Kontaktaufnahme zum zuständigen Ansprechpartner des jeweiligen Studiengangs. Diese regeln das eventuell ganz unbürokratisch, z.B. durch Kurse (meist allerdings auf Niederländisch) oder Tests, die im ersten Studienjahr zu absolvieren sind.

Zu guter Letzt: Da die Eingangsbestimmungen zum Studium eben nicht so streng sind, haben sich die Niederländer etwas anderes als „Filtersystem“ ausgedacht: Im ersten Jahr des Studiums muss man eigentlich die sogenannte Propedeuse erhalten, welche vergeben wird, wenn man 60 ECs, also Studienpunkte, erreicht hat. Dies wird als Empfehlung gesehen, weiterstudieren zu können. Aus meinem Studiengang haben dies längst nicht alle Studenten geschafft, jedoch wurde dann in persönlichen Gesprächen abgeklärt, woran dies lag und welche Maßnahmen ergriffen werden müssen, um es im nächsten Jahr zu schaffen. Es gibt aber auch strengere Studiengänge, in denen man ganz klar aussortiert wird, wenn man die Propedeuse nicht schafft – zumindest habe ich mir das sagen lassen (meiner Erfahrung nach gibt es in den Niederlanden immer einen Weg, wenn der Wille da ist). Diese Propedeuse hat man allerdings nicht an allen Universitäten und Hochschulen eingeführt (z.B. haben die Universität in Wageningen und Maastricht keine); in anderen Fällen kann es jedoch sogar eine extra Propedeuse-Prüfung geben.

Studiengebühren

Die regulären Studiengebühren („Wettelijk collegegeld“) betragen 1906 Euro pro Jahr (2014-2015) und werden jährlich um einige Euro erhöht. Es ist verglichen mit Deutschland (ca. 180€ / Semester) und Österreich schon eine stolze Summe (trotzdem noch günstiger als in den meisten anderen EU Ländern, von den USA ganz abgesehen), aber man bekommt auch wirklich etwas dafür geboten. Man hat zudem die Möglichkeit, die Studiengebühren sofort zu bezahlen (und muss dann insgesamt etwas weniger zahlen), oder aber bequem per Ratenzahlung abbuchen zu lassen. Die Anzahl der Raten und dadurch auch die Höhe unterscheidet sich von Hochschule zu Hochschule und von Uni zu Uni. Achtung: Für die Ratenzahlung ist ein niederländisches Konto notwendig. Es gibt zudem verschiedene Finanzierungsmöglichkeiten, die es einem etwas einfacher machen, diesen hohen Betrag zu zahlen (s. nächster Abschnitt Finanzierung).

Die Studiengebühren werden direkt an die Hochschule bzw. Universität bezahlt, und meiner Erfahrung nach auch wirklich gut eingesetzt: Man findet hier sehr gut ausgestattete Einzel- und Gruppenarbeitsplätze, aktuelle Lehrmaterialien mit echtem Bezug zum Berufsumfeld, Veranstaltungen, die einem weiterhelfen und einen informieren, und Dozenten, die einen persönlich kennen und immer für einen da sind.

Statt der gewöhnlichen Studiengebühren kann man auch zu den Ausnahmefällen gehören, in denen man das sogenannte "Instellingscollegegeld" bezahlen muss, welches leider weit höher ausfällt. Der genaue Preis variiert von Hochschule zu Hochschule und von Studiengang zu Studiengang, jedoch können das 4000 Euro und mehr pro Jahr sein.

Es fällt das Instellingscollegeld an, wenn man:

- 30 Jahre oder älter ist
- NICHT in in den Niederlanden, Belgien, Luxemburg oder in einem der deutschen Bundesländer Nordrhein-Westfalen, Niedersachsen oder Bremen wohnt (damit ist dein Wohnort, also Hauptwohnsitz, z.Zt. des Studiums gemeint) (neue Regelung seit 1. September 2010) Achtung: Für AuslandsBAföG muss der Hauptwohnsitz in Deutschland bleiben!
- bereits einen abgeschlossenen Bachelor- oder Masterabschluss habt
- nicht die Nationalität eines EU-/EWR-Landes habt
- sich über die Stiftung für Flüchtlingstudenten (UAF) einschreibt
- bei einigen Ausnahmestudiengängen auf Deutsch oder Englisch
- bei einigen Masterstudiengängen

Dies trifft jedoch glücklicherweise auf die wenigsten Studierenden zu. Die zweite Regel ist natürlich sehr ärgerlich, kann aber durch eine Ummeldung des

Hauptwohnsitzes in die Niederlande umgangen werden. Achtung: Hierdurch kann der Anspruch auf deutsches BAföG wegfallen! Die meisten deutschsprachigen Studenten in den Niederlanden kommen aus den umliegenden, grenznahen Bundesländern und studieren in den ebenfalls grenznahen Städten Nimwegen, Maastricht und Enschede, in diesen Fällen ist der zweite Punkt dann kein Problem.

Finanzierung

Als geschätzte monatliche Ausgaben wurde vom niederländischen nationalen Institut für Haushaltsbudgetberatung folgende Rechnung aufgestellt:

Monatliche Lebenshaltungskosten von auswärts wohnenden Vollzeitstudenten, ohne Studiengebühren:

Miete	341€
Einkäufe	152€
Kleidung	58€
Unterhaltung	130€
Studienunterlagen	84€
Telefon	32€
Fahrtkosten	48€
monatliche Kosten in Höhe von	845€

Also aus eigener Erfahrung würde ich sagen, dass gerade die Unterhaltungskosten und die Kosten der Studienunterlagen niedriger sind (natürlich abhängig von jedem selbst), trotzdem ist das Leben im Nachbarland nicht gerade günstig.

Zur Finanzierung dieser monatlichen Kosten bestehen diverse Möglichkeiten:

- Man hat genug Geld (oder sehr nette Eltern), um sich sein Studium selbst zu finanzieren (dann seid ist dieser Abschnitt selbstverständlich zu überspringen)
- Man bekommt deutsches BAföG oder österreichische Studienbeihilfe und bei Ersterem im ersten Studienjahr sogar einen Zuschuss für Studiengebühren in voller Höhe
- Man sucht sich einen Nebenjob mit 56 Stunden pro Monat (bis zum 1. Januar 2014 waren es „nur“ 32) und beantragt niederländisches „BAföG“. Diese Studienfinanzierung ist etwas höher als die deutsche, man erhält zudem noch eine Karte zur Nutzung öffentlicher Verkehrsmittel (sogenannte OV-Chipkaart), oder kann sich diese ausbezahlen lassen (~90 Euro/Monat) und kann inklusive Collegegeldkrediet (für die Stu-

diengebühren, ca. 200 Euro/Monat) sogar auf über 1000 Euro kommen, plus dem Einkommen aus dem Nebenjob

- Collegegeldkrediet! Diesen kann man in in den meisten Fällen beantragen und damit komplett die Studiengebühren finanzieren, auch wenn die Eltern zu viel verdienen sollten und man nicht für BAföG o.Ä. in Anmerkung kommt
- Stipendien! Gerade für Auslandsaufenthalte werden oft Stipendien vergeben, z.B. vom ERASMUS Programm oder nuffic. Die Seite www.daad.de bietet eine große Stipendiendatenbank, auf der man ein für sich passendes Stipendium heraussuchen kann. Die Seite nuffic.nl hat erst dieses Jahr wieder neue Mittel für Stipendien mobilisiert, um ausländische Topstudenten in die Niederlande zu locken. Weitere Websites im Linkverzeichnis (s. Anhang)
- Man beantragt einen Bildungskredit
- Kindergeld kann man in einigen Fällen erhalten
- Natürlich kann man auch versuchen, sich mit einer Kombination aus Nebenjob, Erspartem und Collegegeldkrediet über Wasser zu halten.
- Und noch die etwas unwahrscheinlichere Möglichkeit: Falls man zufällig die niederländische Nationalität haben sollte, kann man ohne den Nebenjob niederländische Studienfinanzierung beantragen – das wäre dann natürlich der Idealfall.

Mal in etwas mehr Details:

Niederländisches „BAföG“
Um die niederländische Studienfinanzierung zu erhalten, muss man einen sozialversicherungspflichtigen Nebenjob bei einem niederländischen Unternehmen mit mind. 56 Arbeitsstunden pro Monat ausführen (mit vorgelegtem Vertrag), oder die niederländische Staatsbürgerschaft haben und darf nicht älter als 29 Jahre sein. Zudem wird eine BSN (früher Sofinummer) benötigt sowie ein niederländisches Konto.
Die Studienfinanzierung ist aus drei Teilen aufgebaut: dem Basisteil, dessen Höhe abhängig von der Wohnsituation ist und den man immer erhält, dem elternabhängigen Teil, der, wie der Name sagt, abhängig vom Einkommen der Eltern (jeweils vor 2 Jahren) ist und einem optionalen Darlehen.

Beispielrechnung: Maximalbetrag niederländische Studienfinanzierung (Januar – August 2014) :

Basisbetrag (basisbeurs)	279,14 €
Aufstockung (aanvullende beurs)	258,35 €
Darlehen (lening) verzinst mit 0,6%	295,73 €
+ Collegegeldkrediet	152,92 €
+OV-Card (Fahrtkarte für Bus + Bahn)	
Insgesamt maximal pro Monat:	986,14€

Würde man aufgrund der Berechnung weniger oder keine Aufstockung erhalten, könnte man das Darlehen dementsprechend erhöhen. Als Extra würde dann noch der Lohn des Nebenjobs dazu kommen, z.B. 256€ / Monat sofern man 8,-€ Stundenlohn erhält.
Die Höhe des Darlehens kann man selbst festlegen (maximum ~ 295,73€ bis August 2014) und mit 0,6% ist es sehr niedrig verzinst. Außerdem müssen der Basisteil und der elternunabhängige Teil nicht zurückgezahlt werden, wenn man das Studium binnen 10 Jahren erfolgreich beendet.

Kein Wunder, dass aufgrund dieser verlockenden Rechnung viele Studenten die niederländische Studienfinanzierung gegenüber anderen Studienfinanzierungen bevorzugen. Insgesamt kann man als Student mit niederländischer Studienfinanzierung mehr erhalten, als mit deutschem BAföG – und hat eben noch zusätzlich den Verdienst aus dem Nebenjob! Die niederländische Studienfinanzierung wird bei der DUO-IB-Groep beantragt. Im Vorfeld kann man online berechnen, wie viel man vermutlich erhalten würde.
Fast ein Jahr lang habe ich selbst auch einen Nebenjob gehabt (damals noch mit den erforderlichen 32 Stunden pro Monat) und die niederländische Studienfinanzierung erhalten. Es gab jedoch unendlich viele Probleme bei der Beantragung und dem Nachreichen aller nötigen Beweise, sodass ich mich teilweise schon fragte, ob die Niederländer nicht doch eine schlimmere Bürokratie haben als wir. Wie ich jedoch von anderen gehört habe, schien das ein Einzelfall zu sein. Trotzdem rate ich jedem, der diese Studienfinanzierung beantragen möchte, unbedingt immer alle Nachweise parat zu haben – Stundennachweise, Arbeitsverträge, ggf. Kontoauszüge und Lohnsteuererklärungen der Eltern.

BAföG

BAföG erhielten 2010 mehr als ein Drittel aller deutschen Studenten in den Niederlanden. Man kann es, wenn die Eltern (und man selbst) nicht zu viel verdienen, sowieso erhalten bis zum Alter von 30 Jahren (bzw. 35 für das Masterstudium) – auch ohne Nebenjob. Da man sich im Ausland aufhält, heißt es Auslands-BAföG und man bekommt im ersten Jahr zudem noch die Studiengebühren erstattet.

Auf der Seite www.bafoeg-rechner.de/Rechner kann man im Vorfeld – unverbindlich und ohne Garantie – berechnen lassen, ob man BAföG Anspruch hat. Das eigene Einkommen, das Einkommen eines evtl. Ehepartners und das Einkommen der Eltern wird auf den ermittelten Bedarf in dieser Reihenfolge angerechnet. Im Wintersemester 2012/2013 konnte ein Student, der nicht bei seinen Eltern wohnhaft war sowie die Krankenversicherung selbst bezahlen muss, maximal den Höchstsatz von 670,-€ (597,-€ plus 73,-€ Versicherungszuschlag) erhalten.

Details zu der gesamten Berechnung findet man im Linkverzeichnis (s. Anhang).

Einige Änderungen in den letzten Jahren machen es noch einfacher, Auslands-BAföG zu erhalten; man benötigt z.B. keinen Sprachnachweis mehr, die Miete wird pauschal angerechnet, der Elternfreibetrag erhöht und der BAföG-Höchstsatz wurde ebenfalls um 3% gehoben auf 670 Euro.

Das zuständige BAföG-Amt in den Niederlanden ist die Bezirksregierung Köln:

Bezirksregierung Köln
Dezernat 49, 50606 Köln
Tel: 0221-147-4990
Auslandsbafoeg@bezreg-koeln.nrw.de, www.bezreg-koeln.nrw.de

Im ersten Jahr werden wie erwähnt die Studiengebühren (maximal 4600,-€) mit einberechnet und man erhält somit ca. 180 € mehr pro Monat. Weiterhin wird einmal jährlich eine Hin-/Rückreise übernommen (je Fahrt 250,-). Eine neue Regelung besagt seit 2001 zudem, dass man nur maximal 10.000 € BAföG Schulden anhäufen kann. Dies ist besonders praktisch, wenn man ggf. noch weiterstudieren möchte nach dem Bachelor.

Übrigens kann man auch beide Formen mixen, hierbei wird dann das niederländische BAföG aufs deutsche BAföG angerechnet.

Österreichische Studienbeihilfe

Eine staatliche Studienförderung kann via www.stipendium.at/ beantragt werden. Hierbei gibt es verschiedene Formen, z.B. auch eine für Mütter mit Kind(ern), oder ein Stipendium für Berufstätige, die studieren möchten. Anspruch auf Studienbeihilfe haben österreichische Staatsbürgerinnen und Staatsbürger sowie „gleichgestellte Ausländer und Staatenlose" (§ 4 StudFG). In der Regel muss man das Studium vor dem 30. Lebensjahr begonnen haben, von der finanziellen Seite her „förderungswürdig" sein, sowie gute Leistungen nach den ersten Semestern nachweisen. Die zahlreichen, genauen Voraussetzungen für die Studienbeihilfe sind auf der genannten Website zu finden.

Bildungskredit

Wem weder deutsches noch niederländisches BAföG zusteht, der hat noch die Möglichkeit, einen Bildungskredit aufzunehmen. Bildungskredite sind entweder von einer Bank oder staatlich und es ist selbstverständlich sehr wichtig, sich hier die Leih- und Rückzahlungsbedingungen genau anzusehen. Empfehlenswert sind auf jeden Fall Kredite mit festen Zinsen, sodass diese nicht während der Laufzeit erhöht werden können, ohne dass man aussteigen kann.

Der kfw Bildungskredit bietet z.B. verschiedene Möglichkeiten zur finanziellen Unterstützung, für einzelne Semester oder auch für das komplette Studium, bei denen man die Höhe und Laufzeit selbst bestimmen kann. Der Kredit wird erst wenn man einen Job nach dem Studium gefunden hat in einkommensabhängigen Raten monatlich zurückbezahlt.

Links zu Bildungskrediten, Stipendienbörsen und Studienfinanzierung sind im Linkverzeichnis (s. Anhang) zu finden.

Kindergeld

Bis zum Abschluß des 25. Lebensjahres erhält man in Deutschland normalerweise noch Kindergeld, wenn der Hauptwohnsitz in Deutschland bleibt, man nicht mehr als 7.680 Euro pro Jahr verdient und zwischen Schulende/Ausbildungsende und Studienbeginn nicht mehr als 4 Monate liegen (Ausnahme: freiwilliges soziales Jahr o. Ä.; dann gelten andere Fristen).

Seit 2010 werden für das erste und zweite Kind 184€ Kindergeld gezahlt, für das dritte 190€ und für jedes weitere 215€.

Unterstützen die Eltern ihre Kinder finanziell, können diese Zahlungen als Sonderbedarf oder außergewöhnliche Belastungen in der Einkommenssteuererklärung angegeben werden.

Collegegeldkrediet

Unabhängig davon, ob man einen Nebenjob hat und niederländisches BAföG erhält, kann man immer den „Collegegeldkrediet" beantragen, wenn man bei Studienbeginn nicht älter als 29 Jahre ist und eine BSN-Nummer hat (siehe Kapitel „Praktisches"). Dies sind monatlich 158,83 € (Stand September 2014), auch in der vorlesungsfreien Zeit, und mit diesem kann man die Studiengebühren größtenteils decken. Der Collegegeldkrediet kann monatlich „gekündigt" werden und muss jedes Jahr wieder neu beantragt werden. Wie die niederländische Studienfinanzierung auch wird er ebenfalls bei der DUO-IB-Groep beantragt und nach dem Studium mit (sehr geringen) Zinsen zurückgezahlt.

Stipendium

Man sollte nicht gleich von vorneherein denken, dass für einen sowieso kein Stipendium in Frage kommt! Gerade als Student im Ausland hat man mehrere Stipendien zur Auswahl. Ein Stipendium kann einen Teil oder – in manchen, glücklichen Fällen – auch den kompletten monatlichen Bedarf im Studium decken und muss (in fast allen Fällen) nicht zurückgezahlt werden, was natürlich ein großer Vorteil gegenüber dem BAföG ist.

Ein Nachteil bei Stipendien ist jedoch, dass sie meist an einen spezifischen Stiftungszweck (oft Verbände oder Organisationen kirchlicher Träger) gebunden sind und somit bestimmte Leistungen erwarten. Zudem muss man sich so gut wie immer sehr frühzeitig um ein Stipendium kümmern und es wird nur eine begrenzte Anzahl pro Jahr vergeben.

Erster Ansprechpartner ist der Deutsche Akademische Austauschdienst (DAAD) – dieser vergibt eine Reihe von Stipendien für das Studium im Ausland. Die Bewerbungsfristen enden Mitte November des Vorjahres. Die Höhe liegt bei Bachelorstudenten bei 550 Euro pro Monat und bei Masterstudenten bei 725 Euro (Stand Ende 2013).

Bekannt ist außerdem das ERASMUS Stipendium; hierbei zahlt man im Ausland keine Studiengebühren und man erhält eine monatliche Förderung von bis zu 300 Euro, die kombinierbar ist mit BAföG und dem Deutschlandstipendium.

Für österreichische Studenten ist die Seite www.grants.at zu empfehlen, die größte Datenbank für österreichische Stipendien.

Für niederländische Stipendien ist die bekannteste Anlaufstelle die nuffic. Auf deren Internetseite findet man viele Infos zum Thema Stipendien in den Niederlanden und z.B. eine detaillierte Übersicht der verfügbaren Stipendien.

Sprache

Ich muss an dieser Stelle wirklich noch mal allen die Angst nehmen: Niederländisch ist für Deutschsprachige aufgrund der immensen Ähnlichkeit wirklich die einfachst zu erlernende Sprache! Es hilft sehr, wenn man:

- Die Tipps aus Kapitel „Niederländisch kurz und bündig" berücksichtigt und sich schon im Vorfeld so viel wie möglich mit der Sprache beschäftigt (Hörbücher, Onlineradio, Zeitungen, Sprachkurse, niederländische Filme). Selbst wenn man nicht aktiv lernt, sondern einfach nur zuhört und sich berieseln lässt, z.B. beim Autofahren zur Arbeit, auf dem Hinweg zur Schule etc. hilft es schon enorm!
- Niederländisch spricht! Egal, wie sehr man sich schämt, egal wie schwer es einem anfangs fällt. Es gibt nur eine Möglichkeit, besser zu werden und die ist: Sprechen! Ihr werdet feststellen, wie schnell ihr euch hierdurch verbessert, durch Fehler lernt und es euch immer weniger peinlich vorkommt.
- Sich mit so vielen Niederländern wie möglich umgibt! Ist man in einem "Ausländergrüppchen", neigt man sehr schnell dazu, alle Vorsätze über Bord zu werfen und doch wieder englisch oder deutsch zu sprechen. Hiervon kann ich wirklich nur abraten. Natürlich ist es toll, einige Freunde aus dem Heimatland oder andere ausländische Freunde zu haben, die die gleichen Erfahrungen durchmachen. Aber mehr über das Land, die Einwohner und vor allem die Sprache lernt man nur, wenn man eben auch etwas mit Niederländern unternimmt. Es hilft einem dabei, sich leichter zu integrieren und man macht ganz bestimmt mehr aus seinem Aufenthalt!

Im Sprachkurs vor dem Studium (siehe Sprachkurs) lernt ihr die Basiskenntnisse, mit denen ihr wunderbar mit dem Studium anfangen könnt – gewoon doen („einfach machen"). Der Rest kommt wirklich von selbst!

Einschreiben

Anmelden via Studielink.nl

Einfacher als in den Niederlanden geht die Studienanmeldung wohl kaum: Via www.studielink.nl erstellt man sich einen (natürlich kostenlosen) Account, wählt dann aus, welchen Studiengang man wo wann machen möchte, scannt ein Foto und sein Abiturzeugnis (bzw. alternatives Zeugnis zur Berechtigung der Hochschulreife) ein und wartet.

Schritt für Schritt ist dieser Anmeldeprozess mit Fotos erklärt auf www.studielink-hilfe.de. In einigen Fällen, wenn die Zulassungsvoraussetzungen geprüft werden müssen, kann oder muss man sich direkt über die Hochschule oder Universität anmelden.

Wichtig ist an dieser Stelle noch zu erwähnen, dass man mit dem Abitur oder einer Berufsausbildung bei vielen Studiengängen schon im 2. Jahr einsteigen kann, als sogenannter "VWO-Instromer". Hier erhält man dann in seinem 1. Studienjahr (dem 2. regulären Studienjahr) meist noch spezielle Kurse, die einem den wichtigsten Stoff des 1. Jahres in Kurzform beibringen. In meinem Fall habe ich die wichtigsten Biologie- und Informatikgrundlagen in 4 Extrakursen (2x Informatik, 2x Biologie) gelernt, die auf die ersten 3 Quartale verteilt waren.

Während der Wartezeit zwischen Anmeldung und Studium ist es anzuraten, sich schon mal für den Niederländischkurs einzuschreiben und – wer richtig motiviert ist und nicht im 1. Jahr einsteigt – kann sich auch schon im Vorfeld die Bücher- und Themenlisten besorgen und gleich anfangen zu lernen.

Anmeldefristen

Bereits ein Jahr im Voraus kann man sich für ein Studium einschreiben. Regulärer Studienstart des Wintersemesters ist immer am 1. September. Bis 2013 konnte man sich sogar noch bis Mitte August für ein Studium einschreiben (ideal für Kurzentschlossene, die die Ruhe weg haben), jedoch ist seit 2014 die Anmeldefrist für viele zulassungsfreie Studiengänge auf den 01.05. festgelegt worden.
Falls der Studiengang einen Numerus Fixus hat, muss man ggf. noch früher anmelden, um noch beim Losverfahren berücksichtigt zu werden. Wer einen Sprachkurs machen muss, sollte sich unbedingt auch hierfür bis spätestens ein halbes Jahr vorher anmelden (im Gedanken daran, was man noch alles organisieren muss, ist das sowieso zu empfehlen).

Sprachkurs

Will man nicht auf Englisch (oder gar Deutsch) studieren, verlangen die meisten Universitäten und Hochschulen das sogenannte NT2-II Zertifikat (Nederlands als tweede taal). Glücklicherweise bieten sie hierfür im Normalfall auch gleich Niederländischkurse für Deutschsprachige an, oder organisieren diese in Zusammenarbeit mit einem Sprachinstitut.
Der Kurs beginnt ungefähr im Juni und dauert meist 3-4 Wochen, kann jedoch je nach vorgeschriebenem Sprachniveau noch kürzer oder auch wesentlich länger (bis zu 12 Wochen) dauern. Eine frühzeitige Anmeldung ist zu empfehlen. Meist kostet der Kurs zwischen rund 900 Euro, die jedoch bei Bestehen der Prüfung von der jeweiligen Universität oder Hochschule größtenteils erstattet werden.

Die Sprachprüfung am Ende des Kurses findet in den vier Disziplinen Lesen, Verstehen, Sprechen und Schreiben statt. Für mein NT2 – II Zertifikat musste ich zweimal nach Utrecht fahren, weil die Prüfung aufgeteilt wurde in zwei Teile und Termine. Lesen und Verstehen sind in der Regel die einfachsten Teile. Beim Lesen muss man einfach einige Texte lesen und später Fragen dazu beantworten; beim Verstehen werden Texte oder Dialoge angehört und auch hier müssen Verständnisfragen dazu beantwortet werden. Oft sind Multiple-Choice Antworten dazu vorbereitet, wo man einfach nur noch ankreuzen muss.

Schreiben ist etwas schwieriger; wenn man sich jedoch im Vorfeld gut vorbereitet und merkt, dass z.B. statt "ei" im Niederländischen eigentlich immer "ij" geschrieben wird und die "d" oder "t" Regel für die Wortendungen lernt, sollte auch das zu schaffen sein.

Sprechen wird meiner Erfahrung nach nicht so streng beurteilt, es fühlt sich aber einfach komisch an. Man hört zudem die anderen Prüflinge mit Headset auch die ganze Zeit sprechen – und man muss hier einfach über seinen Schatten springen und am besten vorher zu Hause oder mit den anderen Sprachkursteilnemern üben, üben, üben.
Fällt man in einem der beiden Teile (oder beiden) durch, kann man diese(n) Ende August wiederholen.

Wer bereits über Niederländischkenntnisse verfügt, z.B. durch Unterricht in der Schulzeit, kann sich in vielen Fällen vom Sprachkurs und/oder der Prüfung befreien lassen.

Wenn man einen Sprachkurs, der nicht von der Hochschule bzw. Universität angeboten wird, absolvieren möchte, ist es wichtig, sich im Vorfeld darüber schlau zu machen, ob der Sprachkurs auch ausreichende Kenntnisse auf dem richtigen Sprachniveau (NT2, NT2 Programm 2 von IB Groep, CnaVT – PTHO und PAT, A1 bis C2, ...) vermittelt und somit anerkannt wird.

Studienlaufbahnbegleitung (SLB) und persönliche Mentoren

Egal wie alt man ist – hier muss man durch! Wer an einer Fachhochschule studieren wird, kommt in den zweifelhaften Genuß des Fachs "Studieloopbaanbegeleiding". Dies bedeutet, dass man mehr oder weniger sinnvolle Aufträge auszuführen hat wie z.B. Bewerbungstraining oder einige Vorlesungen externer Redner besuchen und darüber jeweils Berichte schreiben muss.
Ein Gutes hat es auf jeden Fall: Die Person, die für dieses Fach zuständig ist, ist normalerweise auch gleichzeitig euer Mentor. Ihr könnt hier mit allen Problemen und Fragen rund um das Studium zu ihm oder ihr kommen und euch wird immer weitergeholfen. Für einen Mitstudenten bei mir wurden z.B. einige Fächer aus dem 2. Jahr einfach auf das 3. Jahr verlegt, weil es ihm sonst zu viel wurde. Und als ich einmal vergessen hatte, rechtzeitig meinen Antrag auf 30 Minuten mehr

Zeit für die Prüfung einzureichen (die hat man im 1. Jahr als Ausländer im Normalfall), wurde es durch meine SLB unkompliziert geregelt.

Dozenten

Der Umgang mit den Dozenten läuft viel lockerer ab als bei uns! Meistens duzt man sich, die Dozenten kennen einen – zumindest in den nicht allzu großen Studiengängen – persönlich beim Namen und wenn man mal Fragen hat, kann man sie jederzeit ansprechen oder eine E-Mail schicken. Ich hatte jede Menge Fragen (ein großes Dankeschön nochmal an meine Dozenten, die mich geduldig ertragen haben und nicht müde wurden, mir IMMER weiterzuhelfen) und habe durch die unermüdliche Hilfe nie den Anschluß verloren. Auch muss man sich nicht darüber wundern, wenn beim beliebten „Borrel", einem Umtrunk, der zu allen möglichen Feierlichkeiten stattfindet, der Dozent schonmal ein Bierchen mit einem zusammen trinkt und fröhlich aus dem Nähkästchen plaudert.

Letzte Vorbereitungen

Wohnung/WG-Zimmer finden

Ein (bezahlbares) Zimmer zu finden, ist leider nicht immer leicht. Mit etwas Glück hilft die Uni/Hochschule bei der Zimmersuche, hat evtl. auch ein schwarzes Brett mit Wohnungsanzeigen und vielleicht sogar ein Wohnheim, in dem man unterkommen kann. Nicht nur auf studieinfo.nl oder kamernet.nl (für die gesamten Niederlande) lassen sich Wohnungen finden, sondern jede Stadt hat zudem eigene Websites zur Wohnungssuche. Ansonsten s. Kapitel „Praktisches" mit vielen Tipps, um nicht im Stadtpark zelten zu müssen.

Hin- und Heimreise

Wer regelmäßig noch in die Heimat fahren möchte, kann dies statt mit der Bahn am besten mit Mitfahrgelegenheiten tun. Diese findet man z.B. über studiVZ oder Facebook, wo in eigenen Gruppen zu diesem Zweck Angebote und Anfragen geschrieben werden. Da nicht wenige Studenten mit eigenem Auto regelmäßig am Wochenende nach Hause fahren, kann man so oft wesentlich günstiger, schneller und lustiger über die Grenze kommen.
Zudem gibt es bei grenznahen Universitäten wie z.B. Nimwegen (Nijmegen) Pendelbusse nach Deutschland. Auch von Emmen aus fährt dreimal am Tag ein Bus direkt nach Meppen (Niedersachsen) und zurück.

Zurechtfinden in der neuen Stadt – Kei-Week & Co

Wenn eure zukünftige Studienstadt eine Einführungswoche veranstaltet, bietet es sich auf jeden Fall an, daran teilzunehmen. In Groningen z.B. gibt es die sogenannte Kei-Week; hier werden 1 Woche lang verschiedene „Willkommensveranstaltungen“ abgehalten. Man wird in Gruppen eingeteilt von ca. 20 Personen (hierunter normalerweise auch viele Niederländer, aber auch anderssprachige internationale Studenten) und lernt so gleich weitere Neulinge kennen. Durch die Veranstaltungen wird man durch diverse Teile der Stadt geführt, findet sich so später viel leichter zurecht und erhält natürlich auch neben netten Kontakten jede Menge Insider-Infos!

Nebenjob

Wer es sich zeitlich zutraut, kann sich einen Nebenjob suchen. Das hat nicht nur einen finanziellen Vorteil, sondern man kann mit einem 56 Stunden-pro-Monat Vertrag die niederländische Studienfinanzierung beantragen. Niederländische Sprachkenntnisse sind hier natürlich von großem Vorteil und oft Voraussetzung, aber auch ohne kommt man z.B. in englisch- oder deutschsprachigen Helpdesks oder als Putzkraft in Frage und kann sich bei einem sogenannten Uitzendbureau melden – Zeitarbeitsfirmen, die einen vermitteln. Ich habe erst mal abgewartet um zu schauen, wie viel Zeit ich neben dem Studium habe, und mich dann nach einem 3/4 Jahr nach einem Job umgesehen (bei mir fiel die niederländische Studienfinanzierung noch in die 32 Stunden pro Monat Regelung). Glücklicherweise habe ich etwas gefunden, was auch noch zu meinem Studium gepasst hat; das macht sich dann natürlich auch gut im Lebenslauf und bringt mehr Erfahrung ein.
Man beachte, dass in den Niederlanden die Hilfskräfte per Gesetz mit steigendem Alter einen steigenden Stundenlohn erhalten müssen. Das erklärt auch die vielen richtig jungen Leute in Supermärkten & Co. – denen brauchen die Arbeitgeber nicht so viel zu bezahlen. Leider macht es dies auch schwieriger für "ältere" junge Menschen (so ab 20 aufwärts), einen Nebenjob zu finden, der auf Stundenbasis bezahlt wird. Trotzdem ist es nicht unmöglich und jeder aus meinem Studiengang, der einen Nebenjob gesucht hat, hat auch schnell einen gefunden. Es ist zudem wichtig zu wissen, dass man, falls man nicht noch über seine Eltern versichert ist, mit einem niederländischen Job eine „richtige“ Krankenversicherung (Zorgverzekering) beantragen muss. Näheres im Kapitel „Praktisches“ im Abschnitt Versicherungen.

Studium

Introductiekamp und andere Einstiegsaktionen

Glückspilze dürfen an einem Introductiekamp teilnehmen. Das ist ein Einführungscamp, bei dem alle Neulinge einige Tage lang mit Studenten der älteren Jahrgänge an diversen Aktivitäten – inklusive Übernachtung in einer anderen Stadt / anderem Dorf – teilnehmen, man sich hierbei besser kennenlernt und auch andere Studenten über das Studium ausfragen kann. Bei uns sind auch die Dozenten an einem Abend vorbeigekommen und haben sich vorgestellt. Ganz im Ernst: Es klang schlimmer, als es war. Ich wollte mich auch erst krank melden, weil ich irgendwie mit 27 Jahren auf Luftballonspielchen und co. keine Lust hatte, aber im Nachhinein bin ich froh, dass ich dabei war. Nicht nur, weil ich viele meiner zukünftigen Mitstudenten so schon mal kennenlernen durfte, sondern auch weil die Nachtwanderungen, Lasergames, Karaoke etc. und die ganzen Gespräche über die Unterschiede zwischen den beiden Kulturen dann doch sehr viel Spaß gemacht haben.

Noten / Cijfers

Das Notensystem in den Niederlanden hat eine Skala von 1 bis 10, wobei 10 die beste Note ist. Um zu bestehen, muss man mindestens eine 5.5 bekommen. Eine 10 wird wirklich selten gegeben, ansonsten kann man die Noten etwa so vergleichen:

Niederlande	Deutschland
8,5 – 10	1
8	1,3
7,5	2
7	2,3
6,5	3
6	3,3
5,5	4

Quelle: Uni Oldenburg

Erste Einstiegstipps

Nicht verzagen – Mitstudenten fragen! Man sollte nicht schüchtern sein und ruhig fragen, was das Zeug hält! Hat man etwas nicht verstanden und möchte nicht gleich zu den Dozenten laufen, gibt es sicher einen aus dem Kurs, der den Stoff begriffen hat und bereit ist, es einem nochmal in Ruhe zu erklären. Ansonsten: Einfach gelassen angehen! Die erste Zeit kann schwierig werden, vor allem wenn man auf Niederländisch studiert. Viel Umgangssprache, schnelles Sprechen und der ganze Sprachmix aus Englisch und Niederländisch (ja, auch im Unterricht) machen es mitunter schwer, alles mitzubekommen. Nach einem Monat wird es sicher besser.
Mitschreiben ist auf jeden Fall anzuraten, und auch digitale Tools sollte man nutzen. An der Hanze Hogeschool in Groningen gibt es z.B. ein digitales Blackboard, auf dem man die genutzten Powerpoint Präsentationen aus dem Unterricht nochmal in aller Ruhe nachlesen kann sowie die Informationen darüber findet, welcher Stoff für die folgende Prüfung benötigt wird, oft sogar mit exakter Kapitel- und Seitenangabe für das jeweilige Buch. Es hilft, sich in Ruhe zu Hause den behandelten Stoff noch einmal durchzulesen, sich hierzu Stichpunkte zu machen und zu schauen, ob man alles verstanden hat. Bei Undeutlichkeiten kann man dem Dozenten ggf. mailen oder beim nächsten Mal nach dem Unterricht fragen, was genau gemeint war. Noch besser: Direkt während des Unterrichts fragen, sodass alles noch einmal langsam erklärt wird. Das gilt zwar auch daheim, aber trotzdem: Wartet nicht bis ein, zwei Tage vor der Prüfung, bevor ihr dann panisch beginnt, euch Hilfe zu suchen!

Stundenpläne

Anders als bei uns muss man sich, zumindest an den Hochschulen, die Stundenpläne nicht selbst aus Modulen zusammenstellen, sondern bekommt einen fertigen Stundenplan. Je nach Studiengang und Jahr sieht er entweder ziemlich vollgestopft oder aber schön aufgeräumt aus. Meist ist es so, dass man im ersten Jahr mehr theoretische Fächer und in den späteren Jahrgängen mehr Projektarbeit hat, die man dann in Gruppen auch zu Hause oder eben in einem Projektraum in der Uni erledigen kann. Wir hatten z.B. im 3. Jahr in den wöchentlich ca. 12 "Kontaktstunden" des Projekts immer Anwesenheitspflicht und wenig Theoriefächer, aber rund 10 -20 Stunden pro Woche sollten vom Studenten noch für Arbeiten von zu Hause aus eingeplant werden.
Insgesamt sind die Stundenpläne so ausgelegt, dass man etwa 40 Stunden pro Woche beschäftigt ist. In meinem 1. Studienjahr (dem 2. Jahr des Studiums, da ich 1 Jahr übersprungen habe) kam es mir locker vor wie 50-60 Wochenstunden, da ich einfach unheimlich viel nachholen musste, alles durch die Sprachbarriere noch etwas langsamer lief, und da einige Dozenten gern für ihr Fach noch viele schöne Extraaufträge aufgegeben haben, die man ebenfalls zu Hause außerhalb

der regulären Anwesenheitszeit erledigen musste. Gut, Bioinformatik ist auch als schwieriges, lernintensives Fach bekannt und ich habe von anderen Studenten gehört, dass sie längst nicht so viel zu tun hatten, aber stellt euch auf einen arbeitsreichen Einstieg ein und seid dann lieber positiv überrascht, wenn es nicht so viel geworden ist.
Die regelmäßigen freien Wochen sowie die langen Sommerferien geben dann auch wieder etwas Luft, um mal zu entspannen, wegzufahren und den Studienalltag hinter sich zu lassen.

Große Vorlesungen hatte ich übrigens im Rahmen des Unterrichts nie – kein Auditorium mit mehreren hundert Menschen, sondern immer nur kleine, überschaubare Gruppen. So macht Lernen wirklich mehr Spaß!

Beispielstundenpläne will ich natürlich nicht vorenthalten, aber diese sind ohne jeglichen Anspruch und Garantie.
Übrigens waren unsere Stundenpläne jede Woche etwas anders, man weiß also im Vorfeld nicht, ob man z.B. am Freitag frei hat, oder an welchem Tag ein bestimmter Kurs stattfindet.

Major und Minor

Das Major-/Minorsystem bietet die Möglichkeit, einen Schwerpunkt im späteren Verlauf seines Studiums zu wählen. Leider war es für meinen sehr kleinen Studiengang Bioinformatik nicht vorhanden, aber in den meisten Studiengängen besteht neben dem Hauptstudium (Major) die Möglichkeit, aus einem mehr oder weniger breiten Angebot an Spezialisierungen (Minor) zu wählen, die etwa ein halbes Jahr dauern. Diese können auch an einem anderen Institut angeboten werden und sind in dem Fall oft nicht direkt auf das Hauptstudium ausgerichtet.

Auslandsbonus

Als Ausländer hat man an den meisten Unis und Hochschulen – zumindest im ersten Jahr – noch das Glück, dass man für die Prüfungen mehr Zeit bekommt und ein Wörterbuch benutzen darf. Dies muss rechtzeitig beantragt werden, normalerweise mit einem dafür vorgesehenen Formular, welches man an die Studentenadministration / Prüfungsbüro (Studentenadministratie / Tentamenbureau) schicken muss. Ein Luxus, den man sich nicht entgehen lassen sollte!
Viele Klausuren oder zumindest Teile davon sind zu Anfang übrigens Multiple-Choice-Tests und werden schwieriger mit dem Fortschreiten des Studiums. Natürlich wird dann aber auch euer Niederländisch besser und besser. Bei Hausarbeiten und Berichten sehen die Dozenten es auch gerade zu Anfang nicht so eng und drücken schon mal ein Auge zu, wenn man die Rechtschreibung noch nicht beherrscht.

Bioinformatik Jahr 1

Uhrzeit	Montag	Dienstag	Mittwoch	Donnerstag	Freitag
8.30 – 10.30	Chemie Vorlesung	Informatik	Rapporteren (Berichte erstellen)	Informatik Projekt	Informatik Projekt
10.30 – 12.30	Biologie	Informatik Übungen	Biologie Aufträge	Vorlesung Bioinformatik	Biologie
12.30 – 14.30	Biologie Übungen	Informatik	Rapporteren		Informatik
14.30-16.30					

Bioinformatik Jahr 2

Uhrzeit	Montag	Dienstag	Mittwoch	Donnerstag	Freitag
8.30 – 10.30	Themaauftrag Lingo	Themaauftrag Lingo			Datenbanken
10.30 – 12.30				Datenbanken	
12.30 – 14.30	Biochemie Vorlesung	Biochemie Übungen	Themaauftrag Lingo		Datamining
14.30-16.30				Infoveranstaltung Internationales Studieren	Datamining

Bioinformatik Jahr 3

Uhrzeit	Montag	Dienstag	Mittwoch	Donnerstag	Freitag
8.30 – 10.30		Statistik	Statistik	Webbased Information-Systems	
10.30 – 12.30		Genetik	Webbased Information-Systems		
12.30 – 14.30	Genetik		Projekt Functional Genome	Projekt Functional Genome	
14.30-16.30					

Angewandte Psychologie Jahr 1:

Uhrzeit	Montag	Dienstag	Mittwoch	Donnerstag	Freitag
8.30 – 9.30			Info Fertigkeiten Projekt	Prof. Schreibfertigkeit	
9.30-10.30		SPSS Praktikum	KV&O Coaching		
10.30-11.30		Entwicklungspsychologie VL			
11.30-12.30	Soziale Psychologie VL	SPSS Praktikm	Soziale Psychologie Prakt.	TP weetcafe	
12.30-14.30			Entwicklungspsychologie Prakt.		
14.30-16.30					
18.30-20.30		Studienmanagement (Wahlfach)			

Meine Projektarbeiten konnte ich übrigens auch auf Englisch abgeben – falls man sich also noch unsicher fühlt im Niederländisch schreiben und keinen hat, der einem die ganze(n) Arbeit(en) korrigieren möchte, ist das vielleicht auch eine Möglichkeit.

Praktikum

Bei fast allen Studiengängen besteht eines der vier Studienjahre als Bachelor und eines der zwei Studienjahre als Master aus einem kompletten Praktikumsjahr (ein Studienjahr besteht aus 10 Monaten). Hierbei werden die ersten 5 Monate "Stage" genannt – das ist das eigentliche Praktikum – und die restlichen 5 Monate sind dann "afstuderen", also quasi "ab studieren". Fertig werden. Abschluß holen. Dieser Zeitraum besteht dann aus dem Schreiben der Bachelor- oder Masterarbeit, während man an einem entsprechenden Bachelor-, oder Masterprojekt arbeitet.

Hierfür ist Initiative vom Studenten gefragt, denn man muss sich einen Betrieb, ein Forschungszentrum oder eine Universität heraussuchen, die einem zumindest einen der beiden Teile (Stage oder Afstuderen) ermöglicht. Das darf natürlich überall in der Welt sein – und ich hab auch einige ausländische Studenten hierfür in ihre Heimat zurückgehen sehen. Bei der Suche nach einem Platz kann einem entweder eure Universität oder Hochschule behilflich sein (an der Hanze Hogeschool gibt es hierfür ein schwarzes Brett), oder man schreibt Unternehmen oder Unis, bei denen man gerne arbeiten würde, selbst an und fragt nach der Möglichkeit eines Praktiums. Alternativ kann man auf Internetseiten wie z.B. www.stageplaza.nl nach freien Plätzen suchen. Ich staunte nicht schlecht, als ein Student sein Praktikum unter Palmen vorstellte. Da die Karibikinsel Curaçao aber zu den niederländischen Antillen gehört, scheint ein Praktikum dort, oder auf einer der anderen zwei Inseln der „ABC-Gruppe“, gar nicht so ungewöhnlich zu sein.

Ob und wie hoch man beim Praktikum oder beim Abschlußprojekt bezahlt wird, ist absolut unterschiedlich je nach Durchführungsort und –betrieb.

Der zuständige Praktikumskoordinator deines Studiengangs muss das vorgeschlagene Projekt genehmigen (dies wird normalerweise nicht von einem selbst ausgesucht, sondern vom Betrieb zu dem man geht) und dann kann es losgehen. Abhängig vom Studiengang ist das praktische Jahr im 2., 3. oder 4. Jahr der Bachelorausbildung – bei mir war es im letzten Jahr, was ich wirklich prima fand; so hat man genug Zeit, um erst alle Theorie zu kennen, bevor man in die weite Welt entlassen wird.

Studentenvereinigung

Es kann sehr verlockend sein, einer Studentenvereinigung ("Studentenvereniging") beizutreten. Die Niederlande hat hier auch wirklich solche, wie man sie aus US-amerikanischen Filmen kennt, aber dann gibt es auch die "Studieverenigingen", die sich vor allem mit Aktivitäten rund um das Studium beschäftigen. In der Studievereniging Equilibrium vom Life Science & Technology Institut der Hanze wurden z.B. Exkursionen, Symposien, Gastvorlesungen und das Introkamp für neue Studieneinsteiger organisiert, aber auch Feste und einmal im Jahr eine luxuriöse Gala mit reduzierten Preisen für Mitglieder.
In den Niederlanden ist es völlig normal, Mitglied einer Vereinigung zu sein und sich, oft auch aktiv, in einer "Commissie" zu engagieren – dies macht sich gut im Lebenslauf. Jede Vereinigung hat auch einen Vorstand, den "Bestuur". Studenten unterbrechen sogar teilweise ihr Studium für ein Jahr, um diese Vorstandsfunktion zu übernehmen. Was wohl bei uns undenkbar wäre, wird im Nachbarland als gute Übung gesehen, um zu lernen, wie man im Team arbeitet, eine Führungsposition übernimmt, Veranstaltungen organisiert, Interessen vertritt und Kontakte knüpft.

Einsatz der Niederländer – "6er Kultur"

Als fleißiger, ehrgeiziger Student, oder selbst als ziemlich lässiger, entspannter Student, wird man sich vermutlich wundern, wie locker alles in den Niederlanden zugeht. Man hört gelegentlich in diesem Zusammenhang von dem Begriff "zesjescultuur", also Sechserkultur. Mit der niederländischen Note 6 hat man ja so gerade bestanden, und vielen genügt das auch völlig. Irgendwie scheint hier vielen die Motivation zu fehlen, sich für gute Noten anzustrengen. Dies hat vermutlich mehrere Gründe. Neben dem im ersten Kapitel erwähnten calvinistischen Hintergrund auch weitaus „praktischere“: Weil es keinen NC, also keine Notenbeschränkungen für Studiengänge gibt, sondern man sowieso nach dem Losverfahren ausgewählt wird (oder eben nicht), ist der Druck zu guten Noten schlichtweg nicht vorhanden. Auch bei späteren Bewerbungen spielen Noten maximal eine untergeordnete Rolle; hier zählt eher der Einsatz, die Zusatzaktionen, die man während des Studiums gemacht hat ("Honorprogramm" z.B.) und die Referenzen. Allgemein ist einfach nicht so ein starker Ansporn gegeben, das Beste aus sich rauszuholen. Es schadet jedoch nicht, sich hiervon nicht beeinflussen zu lassen und seinen zielstrebigen Weg einzuschlagen. Wer sich anstrengt und gute Noten bekommt, kann "cum laude" abschließen und oft auch ein Stipendium erhalten.

Extra: Universitäten, Hochschulen und Erfahrungsberichte

Um euch einen Überblick über die verschiedenen Universitäten und Hochschulen in den Niederlanden zu geben, findet ihr im nächsten Abschnitt eine Übersicht der Bildungsstätten. Grenznahe Städte haben hier nach wie vor die höchste Anzahl an deutschen Studenten. Wieviele deutsche Studenten genau sich jeweils eingeschrieben haben, lässt sich den folgenden zwei Tabellen entnehmen:

Die von deutschen Studierenden meistbesuchten Fachhochschulen in den Niederlanden, Stand von vor zwei Jahren.

Saxion Hogescholen (Enschede, Deventer, Apeldoorn)	2739
Fontys Hogescholen (Venlo, Eindhoven, Tilburg)	2646
Hogeschool van Arnhem en Nijmegen	1975
Stenden Hogeschool (Leeuwarden, Emmen)	1746
Darunter Leeuwarden:	1294
Hogeschool Zuyd (Heerlen, Maastricht, Sittard)	1236
Hanzehogeschool Groningen	1129
Internationale Hogeschool Breda (NHTV)	528
ArtEZ Hogeschool voor de Kunsten (Arnhem, Ensch., Zwolle)	386
Hogeschool van Hall Larenstein(Wageningen, Velp, Leeuw.)	221
Hogeschool van Amsterdam	287
Avans Hogeschool (Breda, den Bosch, Tilburg)	210

Quelle: HBO-Raad, Dokument: EDU-Con Info CD, 4.10
Deutsche_Studierende_in_den_Niederlanden.pdf S. 2

Von deutschen Studierenden meistbesuchte Universitäten:

Maastricht University	4372
Rijksuniversiteit Groningen	1455
Universiteit Twente, Enschede	1319
Radboud Universiteit Nijmegen	1212
Erasmus Universiteit Rotterdam	533
Universiteit van Amsterdam	408
Universiteit Utrecht	335
Wageningen University	290
TU Delft	200

Quelle: VSNU/ CBS 1cH02011 Dokument: EDU-Con Info CD, 4.10

Der Großteil der von Deutschsprachigen studierten Fächer stammt aus dem wirtschaftlichen Bereich und wird auf Englisch abgehalten.

Übersicht aller Hochschulen und Universitäten

111-Hochschulübersicht-300dpi-8,5cm.jpg
Kreis = Hochschule, Pyramide = Universität
Quelle: EURES; "Studieren in der niederländischen Grenzregion", S. 4, mit freundlicher Genehmigung des Autors der Informationsbroschüre Robert Marzell.

Liste aller Universitäten :

Amsterdam University College
Universität Amsterdam
Freie Universität Amsterdam (VU University Amsterdam)
Universität Delft (TU Delft)
Technische Universität Eindhoven (TU Eindhoven)
Universität Twente
Universität Groningen (RUG)
Universität Leiden
Universität Maastricht (Maastricht University)
Radboud Universität Nijmegen
Erasmus Universität Rotterdam (Erasmus University Rotterdam)
Universiteit van Tilburg (Tilburg University)
Universität Utrecht
Universität Wageningen (Wageningen University)
Protestantse Theologische Universiteit

Liste aller staatlich finanzierter Hochschulen:

Amsterdamse Hogeschool voor de Kunsten, Amsterdam
ArtEZ Hogeschool voor de Kunsten, Amsterdam/Arnheim/Enschede/Zwolle
Avans Hogescholen, 's-Hertogenbosch/Tilburg/Breda
CAH Vilentum, Dronten
Christelijke Hogeschool Ede, Ede
Codarts Hogeschool voor de kunsten, Rotterdam
De Haagse Hogeschool, Den Haag
Design Academy Eindhoven, Eindhoven
Driestar Hogeschool, Gouda
Fontys Hogescholen, 's-Hertogenbosch/Eindhoven/Sittard/Tilburg/Venlo

Gereformeerde Hogeschool, Zwolle
Gerrit Rietveld Academie, Amsterdam
Hanzehogeschool Groningen, Groningen
HAS Den Bosch, 's-Hertogenbosch
Hogeschool van Arnhem en Nijmegen, Arnheim/Nijmegen
Hogeschool de Kempel, Helmond
Hogeschool der Kunsten Den Haag, Den Haag
Hogeschool Edith Stein/Onderwijscentrum Twente, Hengelo
Hogeschool Inholland, Alkmaar/Delft/Diemen/Haarlem/Rotterdam
Hogeschool iPabo, Alkmaar/Amsterdam
Hogeschool Leiden, Leiden
Hogeschool Rotterdam, Rotterdam
Hogeschool Utrecht, Utrecht
Hogeschool van Amsterdam, Amsterdam
Hogeschool van Hall- Larenstein, Wageningen/Velp/Leeuwarden
Hogeschool voor de Kunsten, Utrecht
Hotelschool Den Haag, Den Haag
HZ University of Applied Sciences, Terneuzen/Vlissingen
Iselinge Hogeschool, Doetinchem
Katholieke Pabo Zwolle, Zwolle
Marnix Academie, Utrecht
NHL Hogeschool, Leeuwarden
NHTV Internationale Hogeschool Breda, Breda
Saxion, Enschede/Deventer/ (Apeldoorn)
Stenden Hogeschool, Leeuwarden/Emmen
Stoas Wageningen, Wageningen
Windesheim, Zwolle
Zuyd Hogeschool, Heerlen/Maastricht/Sittard

Liste aller privaten Hochschulen:

Tio University of Applied Sciences
Amsterdam University College
Business School Notenboom
HBO Universitiy Netherlands
Hogeschool Wittenborg
Nyenrode Business Universiteit
Roosevelt Academy
TMO Hogeschool voor Modemanagement

Hiervon werden die von Deutschen meist besuchten Universitäten und Hochschulen genannt und jeweils ein Link zur deutschsprachigen (wenn vorhanden) oder englischsprachigen Website angegeben:

Universitäten

- Maastricht University, www.maastrichtuniversity.nl
- Rijksuniversiteit Groningen, www.rug.nl
- Universiteit Twente, Enschede, www.utwente.nl/de/bildung/bachelor
- Radboud Universiteit Nijmegen, www.ru.nl/deutsch
- Erasmus Universiteit Rotterdam, www.rsm.nl/home
- Universiteit van Amsterdam, www.uva.nl/en/home
- Universiteit Utrecht, www.uu.nl/EN/Pages/default.aspx
- Wageningen University, www.wageningenur.nl/de/Wageningen-University.htm
- TU Delft (Technical University Delft), www.tudelft.nl/en

Hochschulen:

- Saxion Hogescholen (Enschede, Deventer, Apeldoorn), www.saxion.de
- Fontys Hogescholen (Venlo, Eindhoven, Tilburg), http://fontys.edu
- Hogeschool van Arnhem en Nijmegen, www.han.nl/start-de
- Stenden Hogeschool (Leeuwarden, Emmen), www.fh-stenden.de
- Hogeschool Zuyd, http://international.zuyd.nl, (Heerlen, Maastricht, Sittard)
- Hanzehogeschool Groningen, www.hanze.nl
- Internationale Hogeschool Breda (NHTV), www.nhtv.nl
- ArtEZ Hogeschool voor de Kunsten (Arnhem, Enschede, Zwolle), www.artez.nl/English
- Hogeschool van Hall Larenstein, www.vhluniversity.de, Hogeschool van Amsterdam, www.international.hva.nl
- Avans Hogeschool, www.avans.nl/international, (Breda, den Bosch, Tilburg)

Erfahrungen und Tipps von Studenten

Natürlich sind die Erfahrungen einer jeden Studentin, eines jeden Studenten, ganz persönlich und unterschiedlich. Trotzdem lassen sich gute Ratschläge finden, die ich hier mit euch teilen möchte. Eines haben alle von mir befragten StudentInnen übrigens einstimmig mit „Ja" beantwortet: Ob sie die Entscheidung, in den Niederlanden studieren zu wollen, wieder treffen würden.

Anja (24), International Business + Languages, Hanze Hogeschool Groningen

Wie waren deine ersten Erfahrungen und Eindrücke?
Meine ersten Eindrücke waren generell sehr positiv. Ich muss allerdings auch sagen, dass mir der Anfang des Studiums in der niederländischen Sprache nicht so leicht gefallen ist, wie alle anderen immer vermuten. Auf Niederländisch studieren sollte man schon ernst nehmen, denn man hat am Anfang nach einem vierwöchigen Kurs doch ein paar Probleme, alles zu verstehen.

Welche Vorteile bietet dir das Studium hier bisher?
Das Studium bietet mir vor allem eine internationale Lernumgebung. Ich liebe es, mit verschiedenen Nationalitäten zu lernen und zu leben. Im zweiten Jahr konnte man ein Jahr auf Englisch studieren, zusammen mit internationalen Studenten. Dies war eine super Erfahrung, bei der man die Kultur näher kennen lernen konnte. Außerdem bietet IBL eine Vielfalt an Sprachunterricht, die man auch in Abendkursen noch erweitern kann.

Was sind deiner Meinung nach die größten Unterschiede zum Studium in den Niederlanden verglichen mit dem Studium in der Heimat?
Ich glaube der größte Unterschied an der Hochschule ist vor allem das System der Arbeitsweise. Hier wird sehr viel in Gruppen gearbeitet und man lernt, damit umzugehen und aufeinander einzugehen. Außerdem entwickelt sich Durchsetzungsvermögen. Ich denke, in Deutschland ist man etwas individueller für seine eigenen Noten verantwortlich als in den Niederlanden.

Hast du Tipps für alle, die an einem Studium in den Niederlanden interessiert sind?
Als Tipp kann ich nur mitgeben, den Mut zu haben, das Studium zu beginnen. Auch wenn man manchmal zweifelt, ist es trotzdem eine super Erfahrung. Auch mit der Sprache kommt man nach kurzer Zeit gut klar.

Welche besonderen Erfahrungen hast du bisher mit dem Studium in den Niederlanden gemacht?
Man kann generell sagen, dass die Kultur sich schon von der deutschen Kultur unterscheidet, auch wenn man das nicht erwartet, weil es ja auch Nachbarländer sind. Ich habe am Anfang ein paar Schwierigkeiten gehabt, da ich gute Noten haben wollte und meine Gruppe das ein wenig anders sah. Generell sind die Niederländer ein bisschen arbeitsträger und wenn man gute Noten haben möchte, muss man viel in Gruppenarbeiten selbst machen.

Was sind für dich die größten Schwierigkeiten im Alltag und/oder Studium hier?
Ich würde momentan sagen, dass ich kaum noch Schwierigkeiten habe. Anfangs war es aufgrund sprachlicher Barrieren schwierig auch in einen niederländischen Freundeskreis zu geraten. Daher sind die meisten Freunde auch Deutsche. Mittlerweile ist es aber schon so, dass es sich in der Hochschule mehr vermischt und man sich mit allen versteht.

In Groningen ist es außerdem schwierig, eine Wohnung zu bekommen. Man erwartet zunächst deutschen Standard, aber merkt schnell, dass die meisten Wohnungen davon weit entfernt sind.
Würdest du die Entscheidung, in den Niederlanden zu studieren, wieder treffen?
Ich würde die Entscheidung, nach Groningen zu gehen, auf jeden Fall wieder treffen. Ich habe/hatte hier eine super Zeit und habe mich wirklich weiterentwickelt. Außerdem habe ich tolle Menschen kennen gelernt und tolle Freundschaften geschlossen, die ich nicht mehr missen möchte. Ich denke vor allem, dass ich noch aufgeschlossener geworden bin und viel selbstsicherer, vor allem im Umgang mit fremden Sprachen.

Wie soll es nach dem Studium weitergehen?
Nach dem Studium würde ich gerne einen Masterabschluss machen. Dafür habe ich mir einen Studiengang in Schweden rausgesucht, den ich sehr gern machen würde. Dort muss man dann auch keinen Premaster ("Schakelprogramma") machen und der Bachelor wird anerkannt.

Anna (22), Hogeschool van Amsterdam, International Business and Languages

Wieso hast du dich für einen Studiengang in den Niederlanden entschieden?
Ich bin 1 Jahr in Australien, Neuseeland und den USA gereist und habe mich dabei entschieden, einen internationalen Studiengang zu folgen, anstatt Lehramt in Deutschland zu studieren. Das Reisen hat mir wirklich sehr die Augen geöffnet und mein Weltbild geprägt. Da die Niederländer und ganz besonders die Menschen in Amsterdam sehr tolerant sind und vergleichsweise zu anderen europäischen Ländern sehr gute Englischkenntnisse haben, habe ich mich für Amsterdam entschieden. Auch ist es eine ‚Weltkulturstadt', in der man jeden Tag junge, dynamische und nette Menschen kennen lernt. Der Studiengang „International Business and Languages" hörte sich nach einem sehr interessanten und zukunftsorientierten Studiengang an, daher war es ein perfektes Match von Stadt und Studiengang.

Wie hast du die fürs Studium benötigten Sprachkenntnisse erworben?
Ich folge einen internationalen Studiengang, der auf Englisch ist. Niederländisch lerne ich so nebenbei, indem ich Sprachkursen an der Uni folge, Zeitung lese und in meiner Studentenvereinigung regemäßig Niederländisch praktizieren muss/will.

Wie waren deine ersten Erfahrungen und Eindrücke?
Die Mentalität ist auf jeden Fall anders, das hätte ich vorher nie so erwartet. Ich würde sagen auf jeden Fall direkt und immer offen für Diskussionen und ehrlichen Infoaustausch, aber viel entspannter als wir Deutschen. Nicht so viel Stress; es wird mehr Wert auf die Arbeitsatmosphäre, den gegenseitigen Austausch und Teamarbeit gelegt, als schnellst möglich das Perfekte zu erreichen.

Welche Vorteile bietet dir das Studium hier bisher?
Es öffnet die Augen für Kulturen, Menschenkentnisse, Arbeitsklima, Lebenseinstellung und Lifestyle. Zudem ist Amsterdam nach wie vor eine tolle Stadt zum Leben.

Welche Nachteile hat das Studium bisher für dich?
Als internationaler Student hat man nicht die gleichen Rechte, wie Niederländer. OV-Chipkaart (Verkehrsmittel) muss selbst gezahlt werden, was in Amsterdam sehr teuer ist. Es sei denn, man arbeitet mindestens 56 Stunden im Monat. Es ist machbar, aber dennoch hat man mehr Verantwortung und Workload neben dem Studium. Auch sind hier die Studiengebühren höher als in Deutschland (ca. 1700€ im Jahr)

Hast du Tipps für alle, die an einem Studium in den Niederlanden interessiert sind?
Vorher genau informieren, wo und was man studieren will. Im Studium zu wechseln ist nicht so cool und auch oft nicht so einfach! Bereite dich auf JEDE MENGE Bürokratie vor! Auf jeden Fall informieren über finanzielle Unterstützung bei DUO. Früh genug auf Wohnungssuche begeben und nicht die Erstbeste nehmen.

Anne (22), Universiteit Maastricht, Psychologie und Internationale Beziehungen

Wieso hast du dich für einen Studiengang in den Niederlanden entschieden?
Weil es keinen Bachelor in Internationalen Beziehungen in Deutschland gab, in dem ich einen Platz gefunden hätte. Politikwissenschaften wäre die deutsche Alternative gewesen. Das war mit viel zu breit, theoretisch und generell. Das

Studium am UCM erlaubt mir spezifische Kurse zu nehmen und trotzdem über die Zeit des Bachelor breites Wissen zu erlangen. Viel flexibler!

Wie waren deine ersten Erfahrungen und Eindrücke?
Die Busse sind viel zu teuer und die öffentlichen Verkehrsmittel haben eine schlechte Infrastruktur. Sehr freundlicher Service bei der Bahn: Hatte zu wenig Bargeld, da hat mir die Dame einfach einen Teil der Servicegebühr erlassen! Sehr viel persönlicherer Umgang mit Fremden auf der Straße als ich es aus Deutschland gewöhnt war (Bremen und der Norden).

Welche Vorteile bietet dir das Studium hier bisher?
Hervoragende Ausbildung in Qualität des Materials, der Themen, der Betreuung, dem Kontakt zu Professoren. Sehr viel individuel-leres Studium mit Fokus auf die eigene individuelle Entwicklung. Freiheit und Verantwortung!!

Welche Nachteile hat das Studium bisher für dich?
Extrem anstrengend. Sehr viel zu tun. Dauerhafter Stress im Gegensatz zu halb- oder sogar ganz-jährlichen Prüfungsphasen in Deutschland. Man wird getrimmt. Das führt nicht immer zu mehr und tieferem Wissen, sondern auch manchmal zu Vergessen, psychischer Müdigkeit, Verzweiflung, extremer Hektik, Zweifeln.

Was sind deiner Meinung nach die größten Unterschiede zum Studium in den Niederlanden verglichen mit dem Studium in der Heimat?
Der Aufbau eines Semesters in 3 "Periods" und dementsprechend die vielen Prüfungen und der Stress, aber auch die bessere Qualität des Materials. Dazu kommt der kommunikative und persönliche Ansatz (PBL und Duzen der Profs).

Hast du Tipps für alle, die an einem Studium in den Niederlanden interessiert sind?
Geht zu Open days und redet mit den Leuten. Häufig geht es um Leidenschaft und Enthusiasmus. Wenn dies Dinge sind, die einen Antreiben, dann kann ein Studium hier erfüllend sein!

A. (21), Universität Wageningen, Kommunikationswissenschaften

Wieso hast du dich für einen Studiengang in den Niederlanden entschieden?
Über das Internet habe ich mich im Vorfeld informiert und bin durch Zufall auf den Studiengang gestoßen. Die meisten Unis in den Niederlanden haben keinen NC und viele auch keine langen Wartezeiten. Kommunikationswissenschaften an der Wageningen University unterscheidet sich zu Kommunikationswissenschaften in anderen Städten und Ländern, weil es direkt auf aktuelle Probleme angewandt wird, vor allem in den Life Science. Dadurch ist der Studiengang sehr praxisorientiert und intensiv. Anfangs war es eine Herausforderung auf Nieder-

ländisch und Englisch zu studieren. Aber es war spannend von Zuhause weg und sich in ein Abenteuer stürzen.

Wie hast du in den Niederlanden eine Wohnung gefunden?
Sehr schwierig, weil ich mich so spät angemeldet habe. Ich habe erst viel privat gesucht, aber nichts passendes gefunden. Dadurch, dass ich nicht beim Sprachkurs mitgemacht habe, habe ich nicht direkt ein Zimmer gestellt bekommen von der Uni. Dennoch wurde von der Uni angeboten, dass Ausländer für das erste Jahr ein Zimmer zur Verfügung bekommen. Nachdem ich 6 Wochen mit ca. 40 niederländischen Studenten auf dem Campingplatz gewohnt habe (jeder allein in dem Wohnwagen seiner Eltern), bin ich auf der Warteliste weiter nach vorn gerutscht und habe ein Zimmer für das erste Jahr bekommen.

Wie waren deine ersten Erfahrungen und Eindrücke?
Die niederländische Mentalität und einige kulturelle Unterschiede waren mir schon bekannt, da ich einen niederländischen Freund habe. Dennoch war es am Anfang alles sehr viel und ich war oft müde, weil ich mich an die neuen Eindrücke und die Sprache gewöhnen musste. Auch war es schwierig, in der Eingewöhnungsphase direkt wissenschaftliche Texte zu schreiben. Das war wirklich eine Herausforderung. Aber ich habe es schnell geschafft, mich einzuleben.

Dennoch ist es manchmal immer noch anders mit Niederländern zusammen zu arbeiten, weil sie eine ganz andere Arbeitsform haben. Man kann sehr viel von den Niederländern lernen, weil sie zum Beispiel sehr kreativ arbeiten und oft sehr gut und sicher präsentieren können. Viele Niederländer haben Respekt vor deutschen Studenten, die in einer Fremdsprache studieren. Sie haben gerne Texte gegen gelesen, einem geholfen und waren sehr interessiert, ob es Unterschiede zwischen den Nationalitäten gibt.
Gerne haben sie ihre Deutschkenntnisse probiert und waren generell sehr offen, aber auch sehr direkt.

Welche Vorteile bietet dir das Studium hier bisher?
Mein Studiengang hebt sich von den Kommunikationswissenschaften an anderen Unis durch die Praxisorientierung und den Fokus auf die Life Science ab. Das gibt mir hoffentlich gute Berufschancen. Mein wissenschaftliches Englisch als auch selbstverständlich mein Niederländisch haben sich verbessert. Mein Studiengang umfasst eine große Bandbreite an für mich neue Themengebiete aus unterschiedlichen Fachgebieten. Das bedeutet arbeitsreiche Prüfungsvorbereitungen. Es gibt wirklich viel zu lernen, aber es macht Spaß.

Welche Nachteile hat das Studium bisher für dich?
Das Studium ist sehr teuer. Außerdem bekommen ausländische Studenten keine OV-Kaart für den Bahnverkehr in den Niederlanden – man kann nicht ohne Weiteres durchs Land reisen mit anderen Studenten.

Was sind deiner Meinung nach die größten Unterschiede zum Studium in den Niederlanden verglichen mit dem Studium in der Heimat?
Viel praxisorientierter, viel intensiver, aber dafür im Großen und Ganzen auch arbeitsintensiver.

Hast du Tipps für alle, die an einem Studium in den Niederlanden interessiert sind?
Guckt viel niederländisches Fernseher und lernt die Sprache und damit auch die niederländische Kultur gut kennen.

Was sind für dich die größten Schwierigkeiten im Alltag und/oder Studium hier?
Die teuren Lebenshaltungskosten sowie die teuren Studiengebühren und Fahrtkosten. Sonst gab es eigentlich wenige Schwierigkeiten.

Janina, Hanze Hogeschool Groningen, IBL

Welche Vorteile bietet dir das Studium hier bisher?
Man lernt viele internationale Studenten kennen, andere Sprachen, andere Arbeitsweisen und einfach, international zu arbeiten.

Welche Nachteile hat das Studium bisher für dich?
Hohe Wohnungskosten, wenig Möglichkeiten selbst zu entscheiden – sehr verschultes System hier (Anwesenheitspflicht, wenig Ferien, viele Gruppenarbeiten, an denen man teilnehmen muss). Es ist generell sehr festgelegt und nicht möglich selbst zu entscheiden.

Was sind deiner Meinung nach die größten Unterschiede zum Studium in den Niederlanden verglichen mit dem Studium in der Heimat?
Die Anwesenheitspflicht, viele Ausarbeitungen und generell viel mehr Prüfungszeitpunkte.

Hast du Tipps für alle, die an einem Studium in den Niederlanden interessiert sind?
Man sollte frühzeitig mit Wohnungssuche beginnen und schnell holländisch lernen, um nebenbei arbeiten zu können.

Laura (21), Universiteit Wageningen, Erst Internationales Land- und Wassermanagement danach Waldnutzung und Naturschutz (Bos- en Natuurbeheer)

Wie hast du die fürs Studium benötigten Sprachkenntnisse erworben?
Erst habe ich einen Volkshochschulkurs gemacht und danach einen Intensivkurs an der Wageningen University, wo am ersten Tag alle meine VHS-Kenntnisse vorkamen und der Rest war Neuland.

Wie hast du eine Wohnung gefunden?
Glücklicherweise konnten wir die Zimmer, die wir während des Sprachkurses bekamen, ein Jahr behalten. Denn auch viele niederländische Freunde sind noch auf der Suche. Facebook-Gruppen sind hier ein gutes Hilfsmittel, um schnell an ein untervermietetes Zimmer zu kommen.

Wie waren deine ersten Erfahrungen und Eindrücke?
Im Vorfeld stand ich dem Niederländischen nicht wirklich positiv gegenüber, hatte aber keine großen Eingewöhnungsprobleme und auch die neuen Freunde aus dem Sprachkurs sorgen dafür, dass alles halb so schlimm ist. Denn geteiltes Leid ist ja bekanntlich halbes Leid. Was mich doch ein bisschen schockiert hat, sind die hohen Lebenshaltungskosten, wie Wohnung und vor allem Lebensmittel.

Welche Vorteile bietet dir das Studium hier bisher?
Internationale (und damit meine ich nicht nur niederländische) Kontakte, neue Sprache, neue Freunde, die Qualität des Studiums (wobei ich hier nur für meiner Uni sprechen kann), Freundlichkeit der Menschen. Neue Traditionen, die man kennen lernt.

Welche Nachteile hat das Studium bisher für dich?
Definitiver großer Minuspunkt: für Deutsche gibt es meines Wissens nach keine „OV-Kaart" oder eine Teilfinanzierung der Bücher, was die Niederländer aber bekommen. Sowas wie ein Semesterticket wäre einfach pures Gold wert!!! Es kann schwierig sein, einen Nebenjob zu finden. Die Niederländer bleiben oft gerne unter sich.

Was sind deiner Meinung nach die größten Unterschiede zum Studium in den Niederlanden verglichen mit dem Studium in der Heimat?
Ich kann hier nur von meiner Uni reden, da ist es definitiv das Tempo. In Deutschland sind die Semester langezogen und man macht so ungefähr nichts für die Fächer und die Klausuren am Ende kommen dann natürlich immer ziemlich plötzlich.

In Wageningen haben wir ein „6 Periodensystem“. Per Periode gibt es normalerweise 1-3 Fächer und am Ende direkt die Klausuren. Wenn man nicht in eine Nachprüfung muss, ist es abgehakt. Meiner Meinung nach effektiver als in Deutschland.

Hast du Tipps für alle, die an einem Studium in den Niederlanden interessiert sind?
Viele gehen in die Niederlande, weil es angeblich leichter ist. Andere gehen nicht in die Niederlande, weil sie Angst vor dem Neuen und Fremden haben. Ich sag nur eins: Unterschätzt es nicht. Überschätzte es nicht. Es ist machbar.

Welche besonderen Erfahrungen hast du bisher mit dem Studium gemacht?
Flop: In den ersten beiden Wochen saß ich in den Ökologievorlesungen, habe nicht mal ein Viertel von gesagten Inhalt verstanden und ich hatte auch nur eine Frage: Was zur Hölle mach ich hier eigentlich?!
Top: Irgendwann habe ich dann in besagtem Fach die(zum Glück) Multiple-choice Klausur geschrieben, 60 Fragen, 2 Stunden. Wenn man sich dann jede Frage 3-mal durchlesen muss, Wörter nachgucken muss & sich die richtige Antwort überlegen muss, gerät man doch ein bisschen in Zeitdruck. Aber wenn man dann 57% richtig beantwortet hat, der niederländische Kumpel aber nur 56%, dann denkt man sich: Ja man! Und er hat alle Fragen verstanden und musste keine Wörter nachgucken!

Was sind die größten Schwierigkeiten im Alltag und bzw. im Studium?
Vor allem am Anfange habe ich 4 mal so lange für Texte gebraucht wie meine niederländischen Mitstudenten. Obwohl ich fast keine Wörter mehr nachgucken muss, dauert es doch immer noch ein wenig länger. Mein Niederländisch ist gut, aber leider hat mein Englisch sehr gelitten.

Würdest du die Entscheidung, hier zu studieren, wieder treffen?
Ich habe so gute Erfahrungen gemacht, tolle Menschen kennengelernt, grandiose Exkursionen mitgemacht und darf an einer der top Unis studieren. Daher würde ich sagen: Obwohl ich die Niederlande nicht so mag, ich Frikandellen und Oranje seltsam finde, bin ich dankbar, dass ich damals über meine Abneigung gesprungen bin und jetzt an der Wageningen University studiere.

Martje (20), Hanze University Groningen, International Business and Languages

Wieso hast du dich für einen Studiengang in den Niederlanden entschieden?
Mein Abischnitt lag bei 1,9 und ich war damit mehr als nur qualifiziert, um meinen gewünschten Studiengang in Deutschland zu wählen. Aber ich wollte mich

selbst nicht einschränken und habe daher auch einen Blick über die Grenzen Deutschlands hinaus geworden. Dabei habe ich den Studiengang International Business and Languages gefunden. Für mich perfekt, denn gefordert wird genau das, worin ich mich selbst gerne fordere: Organisationstalent, Sprachen und Kulturkenntnisse und Interesse und die Lust alles auszuführen.

Wie und wo hast du dich im Vorfeld informiert?
Ich habe mich zunächst auch mal in Deutschland geschaut, aber nein… dort gab es diesen Studiengang nicht in derselben Ausführung wie hier in den Niederlanden. Daher habe ich mich weiter schlau gemacht und verschiedene Hochschulen miteinander verglichen und Bekannte gefragt, die z.B. in Groningen, Enschede und Amsterdam studieren. Ich wollte nicht nur herausragende Kritiken über die jeweilige FH lesen, sondern auch Erfahrungen mit der Stadt und der Kultur erfahren. So habe ich einen halben Roman von einem Bekannten aus Groningen bekommen. Und so wie er über die Stadt geschwärmt hat, habe ich mich fast selbst sofort heimisch gefühlt.

Wie waren deine ersten Erfahrungen und Eindrücke?
Ich habe sofort festgestellt, dass die Niederländer sehr offen sind und freundlich, besonders wenn man ihnen mit niederländisch entgegen kommt. Manche Dinge erscheinen mir einfacher und informeller, wie der Umgang mit den Dozenten oder dem Vermieter. Andere jedoch komplizierter und erst ein wenig undurchsichtig. So ist eigentlich alles damit verknüpft, dass man zu Beginn sich bei der Gemeinde anmeldet. Das geht nur, wenn man bereits einen Mietvertrag hat. Und auch erst dann kann man ein Bankkonto eröffnen. Nur, wenn man ein niederländisches Bankkonto hat, kann man sich einen Handyvertrag holen oder die Studiengebühren in Raten abbezahlen. Auch die Jobsuche ist sehr schwierig. Häufig spricht man noch nicht gut genug Niederländisch oder man ist schlicht und ergreifend zu alt.

Welche Vorteile bietet dir das Studium hier bisher?
Die Niederlande sind sehr international eingestellt und genau das sind die Chancen und Vorteile eines Studiums hier. Man bekommt die Chance, sich auch in anderen Ländern zu beweisen und so bereits im Studium Kontakte zu knüpfen. Bei den meisten Studiengängen sind Auslandsaufenthalte Pflicht und nicht nur Glück, falls man (wie in der Heimat) die nötigen finanziellen Mittel und Noten hat.

Was sind deiner Meinung nach die größten Unterschiede zum Studium in den Niederlanden verglichen mit dem Studium in der Heimat?
Ich bin hier keine Nummer. Alle meine Dozenten kennen mich bei Namen. Deine Taten werden gewürdigt und auch in den Gruppenarbeiten bzw. Projektarbeiten stehst du nicht allein mit der Gruppe gerade, sondern auch deine eigenen Ta-

ten werden vom Dozenten und auch von den Projektmitgliedern begutachtet. So unterschreiben alle zu Beginn des Projektes einen Zusammenarbeitsvertrag, sodass alle Spielregeln und Konsequenzen vorab festgelegt sind. Jede Gruppe setzt diesen Vertrag selbst auf. Also wenn mal jemand aus der Reihe tanzt, die Aufgaben nicht erledigt, immer zu spät kommt etc., hat das Konsequenzen, genau wie im echten Berufsleben.

Allgemein ist das Studium hier sehr praxisorientiert und immer auf dem neusten Stand. Man weiß einfach, wofür man die Studiengebühren bezahlt. Ich sehe es tagtäglich in der FH:

- Neuste Technik
- Genügend Personal
- Großzügige Mensa, Cafeteria, Cafés etc.
- Viele Computer zur freien Verfügung, und so weiter.

Hast du Tipps für alle, die an einem Studium in den Niederlanden interessiert sind?
Immer eher dran sein als alle anderen. Wohnungssuche, Studiumwahl, Sprachkurs etc. Wer als erstes kommt, malt zuerst. Es geht dabei nicht immer darum, ob man noch einen Platz bekommt oder nicht, sondern mehr darum, genügend Informationen zu haben und zu wissen, was zu tun ist. Es wird hier sehr viel von den deutschen Studenten erwartet. Nicht oft hört man (egal ob Niederländisches Studium oder Englisches) „Haben wir Deutsche? Ja? Gut, ihr werdet das Studium sowieso bestehen." Um diesen Erwartungen nach zukommen, muss natürlich sehr viel getan werden. Wir haben meist einen kleinen Vorsprung durchs Abitur, was aber bei einem Niederländischen Studiengang schnell zum Gleichstand führen kann, da man doch einen Nachteil durch die neue Sprache hat.

Welche besonderen Erfahrungen hast du bisher mit dem Studium in den Niederlanden gemacht?
Meine Erfahrungen sind eigentlich meist positiv gewesen, gerade was meine Kommilitonen angeht. Bei mir waren alle in meiner Klasse (25 Leute) von Anfang an sehr offen und geduldig mir gegenüber eingestellt. Ich war die einzige Deutsche in meiner Klasse zu Beginn und bin nun sogar die einzige Deutsche in meinem Studiengang in Jahr 1. Die positiven Erfahrungen, die ich grade beschrieben habe, sind für meine Freundin aus dem NL-Sprachkurs genau andersherum ausgefallen. Sie hatte sehr viel Schwierigkeiten in ihrer Klasse und ihre Kommilitonen hatten wenig Verständnis dafür, dass sie für das Projekt oft länger Zeit braucht und man es nochmal korrigieren muss. Sie hat nach Block 1 bereits aufgehört.

Was sind für dich die größten Schwierigkeiten im Alltag und/oder Studium hier?
Die Koordination von Projekten, Prüfungen und Privatleben (nach Hause fahren). Ich fahre so zwischen einmal bis zweimal pro Monat nach Hause nach Deutschland. Zudem hat man hier alle 10 Wochen Prüfungen. Das gilt zu koordinieren mit den Projekten, die außerhalb der FH stattfinden.

Theresa (23), University Wageningen, Bachelor Ernährung und Gesundheit

Wieso hast du dich für einen Studiengang in den Niederlanden entschieden?
Den Weg in die Niederlande generell habe ich gefunden, da ich mein Studium gerne im Ausland absolvieren wollte. Viele Länder haben jedoch sehr hohe Studiengebühren oder eine schwer zu erlernende Sprache. Auf einer Studienmesse habe ich zudem den Stand einer Niederländischen Universität besucht. Als ich mich dann im Internet über Universitäten in den Niederlanden informierte,die einen Studiengang im Bereich Ernährung anboten, stoß ich auf die Wageningen University.

Wie hast du die zum Studium nötigten Sprachkenntnisse erworben?
Da ich mich schon früh für ein Studium in Wageningen entschieden hatte, habe ich in meiner Heimatstadt neben meiner Schule noch einen Niederländisch Kurs an der Volkshochschule belegt. Wirklich Niederländisch gelernt habe ich aber erst im Sprachkurs in Wageningen im Sommer vor meinem Studienbeginn.

Wie waren deine ersten Erfahrungen und Eindrücke?
Obwohl die Niederlande nicht sehr weit von Deutschland entfernt liegen, merkt man einen gewissen Unterschied in der Mentalität der Menschen. Ich würde es allerdings nicht als Kulturschock beschreiben, da im Allgemeinen alle sehr freundlich sind.

Welche Vorteile bietet dir das Studium hier bisher?
Ein großer Punkt für mich persönlich ist, dass ein Studium im Ausland mehr von einem als Person fordert, als ein Studium im eigenen Land. Man hat zunächst Sprachbarrieren und Dinge wie Bankkonto, Wohnung, Stromanschluss, Internetanschluss etc. müssen alleine geklärt werden. Eltern können aufgrund der Sprache nicht einmal dabei helfen. Das hat mich viel selbständiger gemacht.
Die Niederlande im speziellen bieten ein gut strukturiertes und ausgebautes Studiensystem. Ich habe mehr das Gefühl, dass ich auch darauf vorbereitet werde, weiterhin einen internationalen Weg zu beschreiten. Englisch ist zum Beispiel Teil eines jeden Universitäts-studiums.

Was sind deiner Meinung nach die größten Unterschiede zum Studium in den Niederlanden verglichen mit dem Studium in der Heimat?
Der größte Unterschied ist sicherlich die Einteilung des Studienjahres. In Wageningen hat man zum Beispiel 6 mal im Jahr Prüfungen, statt 2 mal und dann auch nur zwischen 1 und 3 Prüfungen. Auch ist die Atmosphäre sehr viel persönlicher, da weniger Studenten auf einen Dozenten kommen. Außerdem ist der Unterricht noch schulischer als an deutschen Universitäten. Es wird mehr für einen geplant und man hat einen rigideren Studienplan.

Hast du Tipps für alle, die an einem Studium in den Niederlanden interessiert sind?
Ruhig mal vorher hinfahren zu einem Tag der offenen Tür oder einem Schnuppertag. Danach hat man direkt einen viel besseren Eindruck, da man auch mit Studenten selber sprechen kann. Und: Keine Angst vor der Sprache haben, die lässt sich gut lernen.

Bei Bedarf hier weitere Berichte von Studenten aller Studiengänge, Universitäten und Hochschulen:
www.studienscout-nl.de/home/studium-infos-nl-von-a-z/erfahrungsberichte.html

Aus all diesen und auch meinen eigenen Erfahrungen lassen sich die folgenden Punkte als Fazit ziehen:

Eine unglaublich intensive, persönliche Betreuung seitens der Dozenten, auch bedingt durch sehr kleine Klassen (20 Personen sind keine Seltenheit, bei mir waren es teilweise sogar nur 8). Man duzt sich, kann sie bei allen Fragen und Problemen oft rund um die Uhr kontaktieren, sie sind offen für Vorschläge und Wünsche bezüglich des Unterrichts (auch inhaltlich). Als z.B. mein betreuender Dozent mich bei meinem Auslandsjahr in Spanien (verständlicherweise) nicht persönlich betreuuen konnte, wurden ganz unkompliziert regelmäßige Skype Sessions vereinbart. Auch hat jeder Student in der Regel einen „Coach“, an den er sich bei Problemen – egal welcher Art – vertraulich wenden kann.

Unglaublich praktischer Unterricht (Stichwort: Competence / Problem based learning)! Je nach Studiengang startet man z.B. in kleinen Gruppen im 2. Jahr schon eigene Firmen, die man über Wasser halten muss, bearbeitet Design-Aufträge für echte Kunden, oder arbeitet im an die Universität angeschlossenen Hotel im Management mit. Was man in der Theorie lernt, wird gleich in die Praxis umgesetzt und bleibt so nicht nur meiner Erfahrung nach ungleich besser haften. Auch Internationalität wird in vielen Studiengängen groß geschrieben; bei International Business and Management sind z.B. Auslandspraktika Pflicht.

Oftmals haben die Dozenten vor ihrer Lehrtätigkeit auch selbst in dem Feld gearbeitet, in dem sie unterrichten. Dadurch können sie auf ein großes Wissensspektrum direkt aus dem Berufsleben zugreifen und dies auch vermitteln.

Das Studium ist oft sehr arbeitsintensiv, da es nicht in Semester, sondern in Quartester eingeteilt ist und man somit alle drei Monate Prüfungen hat (ist aber auch ein Vorteil, da der Lernstoff somit übersichtlicher bleibt). Auch wird viel präsentiert und viel in Gruppen an Projekten gearbeitet. Gerade die Gruppenarbeit ist evtl. nicht jedermanns Sache, aber man lernt hier bereits, auch mit unterschiedlichsten Charakteren so gut es geht zusammenzuarbeiten, wie man es dann später im Berufsleben ja auch vorfindet.

Ein Tipp vieler Studenten ist, sich so gut wie möglich im Vorfeld zu informieren, besonders über die Inhalte des Studienganges, um zu prüfen, ob dies wirklich das ist, was man machen möchte. Es ist natürlich immer ärgerlich, ein Studium zu beginnen, nur um dann festzustellen, dass es nicht das Richtige war – jedoch ist dieser „Fehltritt" im Ausland noch mit viel größerem Aufwand verbunden. Dass es nicht immer leicht sein wird und man einige Zeit für die Eingewöhnung braucht, davon ist natürlich auszugehen. Jedoch sollte man sich nicht mit Bauchschmerzen durch das Studium schleppen müssen, nur, weil man das Angefangene unbedingt zu Ende bringen muss. Neben diversen Websites (siehe Anhang) finden auch regelmäßige Infomessen statt (google z.B. „Infomesse Studieren in Holland"). Besucht den Tag der offenen Tür eurer Wunschuni/-hochschule, um erste Eindrücke (auch von der Stadt) zu sammeln. Auch ein „meelopdag" (Mitlauftag) lässt sich arrangieren – bei Interesse einfach mal der Uni/Hochschule mailen.

Auch hat man bei uns in einigen Bereichen als Bachelorabsolvent (noch) nicht so gute Berufsaussichten. Das sieht in den Niederlanden, wo es das Bachelor- Mastersystem schon länger gibt, ganz anders aus. Hier findet man auch mit Bachelorabschluss in den meisten Bereichen (z.B. auch in der Forschung) weitaus einfacher einen Job als bei uns.

Eine entspannte Haltung gegenüber allen organisatorischen Belangen ist extrem wichtig, wenn man ein ansonsten planungsliebender Mensch ist. Es geht schon mal etwas chaotischer, kurzfristiger und unübersichtlicher zu, da hilft es einfach nur, die Ruhe zu bewahren, möglichst flexibel zu sein und sich immer wieder zu sagen „het komt allemaal goed" (wird schon alles werden). Es wird hier alles gemacht, definitiv. Aber oft eben gerade so, dass es erst zum letztmöglichen Zeitpunkt fertig wird. Das reicht zwar immer absolut aus, macht aber planungssüchtige Menschen manchmal leicht nervös. Auch kann einen die gleiche relaxte Haltung bei Mitstudenten (besonders bei Gruppenarbeit) schon mal auf die Palme bringen. Niederländische Studenten sind im Schnitt jünger als deutschsprachige und meiner Erfahrung nach nicht so leistungsbetont, geben sich oft mit einem einfachen „voldoende" (=ausreichend) zufrieden. Manchmal bleibt einem da einfach nur, den größten Teil der Gruppenarbeit alleine zu machen, oder aber, sich ebenfalls zurückzulehnen und mit nicht so guten Noten zufrieden zu geben.

Einen Nebenjob zu finden kann gerade ohne fließende Niederländischkenntnisse und/oder mit höherem Alter schwierig werden. Leider sind sowohl die

Mietkosten, als auch die Lebenshaltungskosten und öffentlichen Verkehrsmittel teurer UND es kommen noch Studiengebühren hinzu. Also: Gut sparen, ggf. für Stipendien bewerben und eine Studienfinanzierung rechtzeitig beantragen.

Die Wohnungssuche ist nicht immer leicht und sollte rechtzeitig in Angriff genommen werden. Sofern eure Universität / Hochschule keine Wohnheime oder Zimmer anbietet, schaut am besten in den sozialen Netzwerken und den Wohnungsseiten, die im Linkverzeichnis (siehe Anhang) gelistet sind.

Die Studiengebühren sind zwar hoch, jedoch hat jeder der Befragten das Gefühl, dass das Geld auch sehr gut eingesetzt wird. Nicht nur eine großartige technische Ausstattung ist vorhanden, sondern es gibt auch genügend Projekt-, Lese- und Computerräume, in denen man ungestört allein oder in Gruppen arbeiten kann. Die Wohlfühlatmosphäre ist in der Regel durch gemütliche Möbel und viele Farben sehr hoch – kein Vergleich zu sterilen Betonbauten, wie man sie teilweise bei uns noch kennt.

Leider müssen oft auch die Bücher gekauft werden, da es in den Bibliotheken selten genug Ausleihexemplare gibt. Kleiner Tipp: Schaut auf www.bol.com oder www.tweedehandsstudieboeken.nl nach gebrauchten Exemplaren.

Natürlich haben wohl alle Studenten auch negative Erfahrungen gemacht. Gerade rückwirkend sind diese jedoch oft besonders hilfreich gewesen. Man lernt z.B., auch mit schwierigen Situationen alleine (!) im Ausland zurecht zu kommen und Probleme, die erst unlösbar scheinen, doch zu überwinden.

Auch wenn die Anfangszeit, gerade bei einem niederländischen Studium, sehr ermüdend ist – man muss sich ständig auf die Sprache konzentrieren – wird es sehr schnell besser. Nur nicht aufgeben!

Zur schnelleren Integration, um gleichgesinnte Freunde zu finden und die Sprachen zu lernen: Sucht euch ein Hobbie, meldet euch z.B. bei einem Sportkurs an. Und macht auf keinen Fall den Fehler, euch nur mit gleichsprachigen StudentInnen zu treffen; ihr werdet wesentlich mehr vom Auslandsstudium haben, wenn ihr euch unter die Niederländer mischt und euch wirklich auf die neue Kultur und Mentalität einlasst.

Sind noch Fragen offen geblieben, lohnt sich ein Blick in die umfangreiche EURES Broschüre „Klikken op Nederland – Internetführer zum Studium in den Niederlanden“, die jährlich aktualisiert wird.

KURIOSA ODER KULTURSCHOCK?

Wie oft kann man einfach nur schmunzeln über das Völkchen, das auf den ersten Blick gar nicht anders zu sein scheint als das Unsere, aber eben doch unterschwellig ganz schön anders ist.

Viel entspannter. Geiziger. Nicht so leistungsorientiert. Aber auch nicht faul... es geht hier mehr um den Weg als um das Ziel. Duzen mit dem Chef ist absolut üblich, man findet immer mehrere Lösungen und über alles wird in endlosen Meetings entschieden, statt dass ein Oberhaupt seine Meinung durchdrückt (kann positiv sein, aber auch endlos lange alles hinziehen, ohne dass es ein Ergebnis gibt). Herzlich. Aber doch konservativ. Und bloß nicht aus dem Rahmen fallen! "Doe gewoon, dan doe je al gek genoeg" – dieses Sprichwort drückt es wohl am besten aus. "Tu normal, dann tust du schon verrückt genug".

Traditionen, Normen, Regeln des alltäglichen Lebens in Frage stellen? Niemals! Wenn es so üblich ist, auf einem Geburtstag abends um 8 Uhr mit der ganzen Familie im Kreis um den Tisch zu sitzen, Kaffee zu trinken und genau ein Stück Kuchen zu kriegen (und nach einem Stück ist Schluss, wir sind ja schließlich nicht im Schlaraffenland), dann wird das auch so gemacht. Da kann kein Fremder vorbeikommen und vorschlagen, dass es doch viel "geselliger" ist, einen Geburtstag mit Bier und Chips und Musik und Rumstehen zu feiern. Nee, erst muss die ganze Familie davon hören, was die Tante Greta in ihrem letzten Urlaub so mit der Freundin Wilma auf dem Camping erlebt hat, wie verrückt die Nachbarn von gegenüber sind, dass die sich jetzt anscheinend schon dreimal in diesem Jahr was aus dem Katalog bestellt haben, und dass Onkel Albert auf einer Diät schon 2 Kilo abgenommen hat.

Niederländer mögen keine Überraschungen. Und haben meist kleine Reihenhäuser mit Wänden aus Papier und groooooßen Wohnzimmerfenstern ohne Gardinen. Essen weiches Brot, Frittiertes und Kroketten aus der Mauer. Trinken gerne Bier, aber längst nicht so viel wie wir. Und sowieso noch lieber ihren Koffie. Bescheidenheit liegt ihnen im Blut. Hier geht alles gesitteter ab, obwohl es auf den ersten Blick doch so locker aussieht.

Es soll keinesfalls negativ klingen, was ich über dieses liebevolle Völkchen berichte, denn es ist einfach eine richtig schöne Zeit hier gewesen und wenn man sich an ein paar Eigenheiten gewöhnt hat, die Sprache gelernt hat und merkt, wie schön es ist, "lekker makkelijk" (schön einfach) zu leben, will man (fast) gar nicht mehr weg.

Nur eine Sache kann man sich hier nicht schön reden: Das Wetter! Ich wusste gar nicht, dass es so viel Regen und Wind geben kann. Kalte Sommer, in denen ein Regenschirm gar nicht mehr hilft. Regenjacken, Regenhosen und am besten noch Gummistiefel sind empfohlen (auch findige Studenten, die sich Plastiktüten um die Schuhe gebunden haben, habe ich gesehen).

Was dir sonst noch so auffallen könnte als Deutschsprachiger in den Niederlanden, ist in den nächsten Abschnitten beschrieben.

Essen und Trinken

Belgisches Bier und Pommes

Die Niederlande haben nicht nur geographisch gesehen viel mit Belgien zu tun, sondern auch kulinarisch Einiges geklaut bzw. importiert. Kurz vorweg: Da in Deutschland das Reinheitsgebot gilt, darf das Brauen an sich wohl nicht so modifiziert werden. Stattdessen wird bei uns in das fertige Bier sowas wie Cola oder Energydrink gepanscht – ein Prozess, bei dem die Niederländer die Hände über dem Kopf zusammenschlagen. In den Niederlanden und Belgien gilt natürlich das deutsche Reinheitsgebot nicht. Daher können Biere auch mehrfach durch den Gärprozess geführt werden, und werden dann dementsprechend "Dubbel" (doppelt) oder "Trippel" (dreifach) genannt, bekommen einen höheren Alkoholgehalt – 6 bis sogar 13% sind hier keine Ausnahme – und schmecken einfach intensiver. Frauen bestellen auch gerne mal "Kriek" oder "Framboise" – Bier mit Kirsch- bzw. Himbeeraroma (Männer mögen das auch total gerne, trauen sich aber nie, das zuzugeben). Es gibt eine große Auswahl an Sorten und jeder Bierliebhaber kann sich hier in Ruhe während des Studiums durchtesten.
Desweiteren haben die Niederländer die göttlichen belgischen Pommes importiert. Gut, sie haben sie natürlich nicht einfach so lassen können, sondern bieten sie auch mit Erdnußsauce (Pindasaus) oder Joppiesauce an. Wer „Patatje speciaal“ bestellt, bekommt die Variante mit Mayonaise, Curryketchup und rohen Zwiebeln, „Patatje oorlog“ (Pommes Krieg) wird mit Mayonaise, Zwiebeln und Ernußsauce serviert. Oft werden sie frisch frittiert auf dem Markt verkauft, also einfach mal probieren.

Brot

Soweit ich das mitbekommen habe, haben wir in der Heimat schon einen hohen Qualitätsanspruch, was Brot betrifft. Tja, da werdet ihr einige Abstriche machen müssen! So richtige Brötchen/Semmeln/Weckerl wie bei uns kennen die eigent-

lich nicht, und dunkles Brot sowieso nicht. Ich habe zum Glück einen Bioladen sowie einen Marktstand entdeckt, auf dem Körnerbrot und Vollkornbrot verkauft werden. Wer also unser gutes Brot vermisst: Einfach mal auf die Suche gehen oder sogar selber backen. Natürlich sollte man auch dem Brot vor Ort erst einmal eine Chance geben – gerade bei uns nicht so geläufige Sachen wie Maisbrot oder weiches Waldkornbrot sind wirklich köstlich. Auch Zuckerbrot, welches bei uns vor allem noch sprichwörtlich bekannt ist, bekommt man im Nachbarland in jedem Supermarkt und bei jedem Bäcker.
Ah, und noch ein Hinweis: Kommt nicht auf die Idee, morgens früh beim Bäcker Brötchen holen zu wollen. Die Bäckereien öffnen erst gegen 9 Uhr und haben dann vor allem Gebäck (auch viel herzhaftes Gebäck) und so weiche, superlabberige "Bollen", mit denen man am besten Türritzen abdichten kann.

Essenszeit!

Wird man nach Hause eingeladen, sollte man sich vorher mit den einheimischen Essenszeiten vertraut machen, um keine peinliche Überraschung zu erleben. Auch auf den Ausflügen, die mit der Uni oder Hochschule zu Beginn unternommen werden, ist man besser darauf vorbereitet: Mittags essen die meisten Niederländer kein warmes Essen, sondern einfach nur ganz langweilig nochmal Brot. Ein zweites Frühstück sozusagen. Zwar hat sich in der Heimat in den letzten Jahrzehnten auch Einiges verändert und in manchen Familien wird auch bei uns erst abends zusammen warm gegessen, aber der Standard im Nachbarland ist nach wie vor: Mittags gibt es Brot, evtl. noch etwas Suppe und in der Kantine kann man auch schon mal einen frittierten Snack dazu bestellen. Eine richtige Mensa gab es an meiner Hochschule z.B. nicht, dafür konnte man kleine Snacks und labberige Weißbrötchen bekommen, oft schon fertig belegt und eingeschweißt mit z.B. einer Scheibe Käse, ohne Butter.
Wird man für 7 oder 8 Uhr zu jemandem nach Hause eingeladen, sollte man in der Regel nicht von einem Abendessen ausgehen. Oft wird schon recht früh, gegen halb 6, 6 Uhr zu Abend gegessen und gegen 8 Uhr ist dann die Koffietijd, bei der man ganz gesellig zusammen vor dem Fernseher – oder, wenn Besuch da ist, um einen Tisch herum – sitzt und Kaffee oder Tee schlürft, meist mit einem Stückchen Gebäck oder einer Scheibe Koek (Kuchen) dazu. Im Zweifelsfall sollte man bei einer Einladung besser nachfragen, ob es warmes Essen gibt, um nicht falsch zu liegen.

Hering

Zum Thema "Leckeres holländisches Essen" gehört Hering meiner Meinung nach nicht dazu. Klar ist es Geschmackssache und dass ich Fisch nicht mag

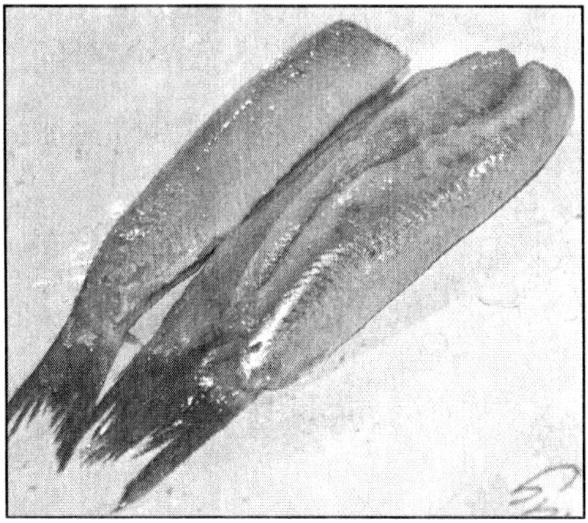

kommt erschwerend hinzu, aber bei diesem "Haring happen" sieht es ja schon eklig aus, wie der überhaupt gegessen wird. Roher Fisch (!) wird in eine Schale mit rohen Zwiebeln getaucht. Und dann komplett (außer anscheinend in Amsterdam) in den Mund geschoben.... brrr da wird mir ganz anders. Wer sich traut, kann das ja mal probieren. Ihr werdet vermutlich sowieso nicht um das ein oder andere spezielle Fischgericht in den Niederlanden kommen. Wer so dicht am Wasser lebt, der muss ja was mit Fisch am Hut haben!

Jenever

Ein typisch niederländischer Schnaps ist der Jenever, dessen Name von der Bezeichnung für Wacholderbeere (jeneverbes) stammt. Meist wird er aus Malz (Gersten- oder Roggen) hergestellt und mit Wacholder und ggf. Gewürzen wie Anis, Kümmel oder Koriander verfeinert. Verschiedene Jenevervarianten sind z.B. alter Jenever (oude jenever), junger Jenever (jonge jenever) oder auch Bessenjenever, der mit Beerensaft gemischt wird.
Neben Jenever wird man vermutlich auch von „Oranjebitter“ hören – einem bitteren Schnaps, der ursprünglich zu Ehren von Prinz Frederiks gewonnenen Schlachten nach 1620 hergestellt wurde und heutzutage oft aufgrund der orangen Färbung am Koningdag getrunken wird.

Kaffee

Die Niederlande sind DAS Koffieland! Haben sie nicht sogar den Kaffee quasi "erfunden" (bzw. aus ihren Kolonien mitgebracht)?

Es werden jedenfalls von Kindesbeinen an dort schon Unmengen an Kaffee konsumiert – kein Witz: Bekannte von mir haben ihrem einjährigen Sohn schon seinen ersten Kaffee probieren lassen und ein niederländischer Freund durfte mit 7 schon Kaffee trinken. Leider schmeckt niederländischer Kaffee für uns dann meist auch so, dass der Löffel schon mal in der Tasse stehen bleibt und man als nicht daran gewöhnter Ausländer zu zittern beginnt.

Er gehört auf jeden Fall zur niederländischen Geselligkeit dazu, und man sollte sich nicht wundern, wenn man um 8 Uhr abends auf eine Tasse Kaffee und ein Stück Kuchen eingeladen wird! Andersrum erscheint es Niederländern merkwürdig, nachmittags um 3 Uhr zum Kaffee eingeladen zu werden.

Auch ohne Besuch ist es üblich, pünktlich zu den 8-Uhr-Nachrichten (acht-uur journal) im TV eine Tasse Kaffee und ein Stück Gebäck zu sich zu nehmen. Ein Bekannter kochte sich auch schon mal um 22 Uhr abends noch einen Kaffee ... und schläft dann trotzdem gut ein. Niederländer sind irgendwie immun gegen Koffein geworden und trinken davon beachtlich mehr als wir. Allerdings starten viele den Tag auch mit Tee statt Kaffee, wohl um einen kleinen Ausgleich zu schaffen. Die „Koffiepauze“ ist sogar so heilig, dass der Anrufbeantworter einer Arztpraxis mir ganz offen verkündete, dass gerade keine Sprechstunde sei, da Kaffeepause ist. Soviel Zeit muss sein!

Der Kaffee ist in den Niederlanden übrigens günstiger als in Österreich, der Schweiz oder Deutschland (in Deutschland gilt eine Kaffeesteuer von 2,19€ pro Kilo). Viele Deutsche in den Grenzgebieten fahren daher gern mal ins Nachbarland, um sich mit dem schwarzen Gold einzudecken.

Kaas

Käse

Das Schimpfwort "Kaaskop" (Käsekopf) kommt nicht von ungefähr! Gouda, Edamer, Old Amsterdam, Maasdamer, Leerdamer, Kümmelkäse,... die Auswahl an Käse ist jedenfalls groß genug. Es gibt so viele Sorten Käse, dass zwei Jahre kaum ausreichen, um alles durchzuprobieren. Auch wenn er gegenüber Schweizer oder Französischem Käse gelegentlich als langweilig bezeichnet wird, wird jeder Käseliebhaber dank der Vielfalt auf seine Kosten kommen.

Käse wird pur als Snack gegessen, mit Weintrauben oder Gurke als Borrelhäppchen oder einfach auf trockenes Brot gelegt. Es gibt sogar Niederländer, die Käse mit Hagelslag (also Streuseln) essen. Wer Käse mag, sollte sich unbedingt auf einem der Käsemärkte umschauen, z.B. dem berühmten Käsemarkt in Alkmaar, der immer freitags stattfindet.

Generell sind Käse- und alle Milchprodukte, hier günstiger und man kann z.B. Joghurt in jedem Supermarkt in 1 Liter Tetrapaks kaufen.

Stroopwafels, Speculoos und kulinarische Schweinereien

Stroopwafel

Wie gut, dass man in den Niederlanden so viel Fahrrad fährt! Ansonsten würde man nach seinem Studium vermutlich etliche Kilos schwerer zurückkommen, bei den köstlichen Leckereien, die es da so gibt. Eine Grundregel der kulinarischen Schweinereien: Wenn etwas nicht fritiert wird, wird es in viel Zucker und Butter ertränkt. Zudem ist Niederlande ein Milchprodukteland – Joghurt gibt es wie schon erwähnt in 1 Liter Packs und Käse wird in allen erdenklichen Sorten und Reifegraden verkauft.

Meine Pflichtempfehlungen für Niederlandneulinge sind:
Stroopwafels: Zwei dünne Waffelscheiben verbunden mit Sirup oder Honig und Karamel, am besten frisch vom Markt!

Speculoos: Fast wie unsere Spekulatius, aber jetzt kommt's: Die haben da eine Creme draus gemacht! Fürs Brot! Wahnsinnig lecker und bestimmt wahnsinnig ungesund. Muss man aber probiert haben.

Hagelslag: Bei uns gibt es die als Schokostreusel, die auf Kuchen, Eis und Desserts gegessen werden. In den Niederlanden isst man Hagelslag standardmäßig auf Brot, und zwar in viel mehr Variationen: Ob normale Milchschokoladenstreusel, dunkle Schokolade, bunte Zuckerstreusel, rosa oder blaue Zuckerstreusel (auf Zwieback nach der Geburt eines Mädchens bzw. Jungens verteilt), Streusel mit Lakritzgeschmack und mittlerweile sogar Streusel mit Speculoos-Keksgeschmack. Einfach verrückt und einfach lecker!

Vla: Wer im Grenzgebiet wohnt, kennt natürlich das köstliche Vanille-Vla! Vla erinnert von der Konsistenz her an eine Mischung aus Joghurt und Pudding und ist in vielen Variationen (z.B. mit Luft aufgeschlagen) und Geschmacksrichtungen (Vanille, Schoko, Erdbeer, Kaffee, saisonale Vlas wie Kochbirnen-Zimt etc.) erhältlich; mittlerweile auch für Veganer und Laktoseintolerante als Soja-Vla.

Suikerbrood

Vla kann man recht einfach auch zu Hause machen: Einfach 1 Liter Milch (ggf. 200 ml der Milch durch Sahne ersetzen) aufkochen und mit einer aufgeschnittenen Vanilleschote etwas ruhen lassen, etwa 15 Minuten. Als nächstes werden 25 Gramm Speisestärke mit etwas kalter Milch glattgerührt, 3 Eier schaumig geschlagen und alles mit 50g Zucker zusammen vermengt. Nun entfernt man die Vanilleschote und rührt nach und nach die Stärke-Ei-Zucker-Mischung in die

Milch hinein. Alles noch einmal aufkochen lassen und abkühlen lassen, hierbei gelegentlich umrühren, sonst bildet sich eine Haut.
Gebäck: Auch wenn wir uns in puncto Gebäck echt nicht verstecken müssen, haben die Niederländer auch Einiges zu bieten: Gevulde Koek (gefüllte Kuchen, die eher an große, dicke, weiche Plätzchen erinnern), Suikerbrood, Appelflappen oder mein persönlicher Favorit: Vlaai! Ein aus der Region Limburg stammender köstlicher Obstkuchen, meist gefüllt mit Pudding, in verschiedenen Variationen.

Lakritz: Gut also ich persönlich bin kein Fan von Lakritz, aber man hat echt eine wahnsinns Lakritz-Auswahl: Mit Fruchtaroma, Menthol und tausend anderen Zusätzen, in allen Farben, Formen und Härtegraden, mit Salz, mit saurer Füllung und so weiter. Niederländer lieben ihren „drop".

Tompouce (Tompoes): Auch diese sind wieder unglaublich süß und unglaublich köstlich. Tompoucen sind ein Gebäck aus Blätterteig, Cremefüllung und Zuckerguss. Sie sind das ganze Jahr über mit einer meist rosa Glasur erhältlich, die zu speziellen Anlässen – Koningdag, Fußball, andere Feiertage – natürlich einer orangen Glasur weichen muss.

Poffertjes und Pannenkoeken: Wird vielleicht nicht völlig umhauen, da Pfannkuchen (Palatschinken, Flädle, Eierpuffer) bei uns ja auch bekannt sind, aber ich bilde mir ein, dass sie bei unseren Nachbarn noch viel besser schmecken. In vielen Städten gibt es Pfannkuchenhäuser oder sogar -schiffe, in denen man von süß über herzhaft bis total ausgefallen alle Varianten an Pfannkuchen bestellen kann. Poffertjes sind fast das Gleiche aber dann in klein und etwas dicker. Sie werden in speziellen gelöcherten Pfannen gebacken und mit Puderzucker bestreut oder in Sirup ertränkt – köstlich!
Chocomel: Wer einen heißen Kakao möchte, bestellt „chocolademelk" (Schokoladenmilch) oder gleich den berühmten Hauptvertreter aus dem Jahre 1930 mit dem Markennamen „Chocomel" von der Firma FrieslandCampina.

Wer einen Vorgeschmack diverser Köstlichkeiten möchte oder zeitweise nicht in Holland wohnt aber Fernweh hat, kann auch online, z.B. in diesem Shop www.hollandshop24.de, sehr viele typisch niederländische Produkte bestellen.

Das tägliche Leben

Alles aus dem Automaten

Wer hat nicht schon diese lustigen "Frikandellen" (keine Frikadellen, sondern so längliche Fleischstäbchen) hinter Glaskästen gesehen? "Uit de muur eten" – aus der Mauer essen ist wirklich typisch Niederländisch! Und nicht nur Frikandellen kann man sich – vornehmlich nachts – aus der Mauer kaufen, sondern diese Wandfächer sind auch gefüllt mit Eierbällen, Kroket (längliche Kroketten), Bitterballen (mit Fleisch gefüllte runde Kroketten) und allen anderen fettigen Mitternachtssünden, die es bei einer Snackbar zu kaufen gibt – mit Ausnahme von Pommes, die wohl bei den längeren Lagerzeiten labberig werden würden.
Mittlerweile haben sogar einige Bäckereien diese Idee übernommen und bieten an der Außenwand des Ladens Automaten, aus denen man ihr Brot kaufen kann. Sehr praktisch, wenn einem an einem Sonntag das Brot ausgegangen ist und man kein Problem mit nicht ganz so frischem Brot hat.
In einigen Supermärkten gibt es übrigens auch Automaten mit Rasierklingen, Batterien und Briefmarken! Gut, es kommt nicht an die spanischen Blumen- und Bücherautomaten ran, aber bietet doch trotzdem schon mal eine große Auswahl zu später Stunde, falls man sich dann spontan nachts die Beine vor dem Ausgehen rasieren muss oder nicht schlafen kann, bevor man Tante Ute nicht noch den Brief eingeworfen hat.

Ausgeh(sperr)zeiten

... gibt es bislang noch nicht! Die in einigen Ländern bekannte Ausgangskontrolle ist hier unbekannt. Es wird nicht um 12 Uhr in Bars oder Jugendzentren (die es dort gar nicht gibt) herumgelaufen und kontrolliert, ob denn jeder der Anwesenden auch schon über 18 ist. Man wird nicht nach Hause geschickt, wenn man mit 16 Jahren mitten in der Nacht noch unterwegs auf der Straße ist. Dementsprechend kann man auch vielen sehr jungen Leuten nachts noch entgegenkommen. Ob diese Freiheit gut ist oder nicht – nun, das muss wohl jeder selbst für sich entscheiden. Aber die Niederlande sind ja bekannt für ihre Freiheiten auf vielen Gebieten.

BROODAUTOMAAT
24 uur per dag vers brood
ZANUSSI

Autobahnlimit

Autofahren ohne Tempolimit? Nicht möglich in den Niederlanden! Auf den Autobahnen galt bis vor Kurzem ein Tempolimit von 100 km/h oder 120 km/h, mittlerweile wurde es erhöht auf etwa der Hälfte der Autobahnen auf 130 km/h. Auf den Landstraßen sind es 60 statt der bei uns üblichen 80 km/h. So und damit habe ich auch endlich das Geheimnis gelüftet, warum die mit den gelben Nummernschildern bei uns immer so langsam fahren! Trotz der deutlichen "80"-Schilder trauen die sich aus Gewohnheit einfach nicht, wirklich schneller als in ihrem Heimatland zu fahren. Es hat also nichts mit Bosheit oder fehlenden Fahrkünsten zu tun.

Bräuche

Wo soll man da anfangen? Niederländische Bräuche können für Nichtniederländer eine intensive Erfahrung sein. Wir sind ja dran gewöhnt – oder werden es ziemlich schnell im Ausland – dass Österreich und Deutschland in der Ferne vermischt und auf Bayern reduziert werden und wir ständig auf Oktoberfest, Lederhosen, Weißwurst und Maß Bier angesprochen werden. Hallo, ich komme aus dem Nordwesten und nein ich habe kein Dirndl im Schrank. Aber gut, was wohl als Erstes auffällt ist, dass man sich zur Begrüßung Küsschen gibt. 3 Stück! Zumindest Frauen mit Frauen und Männern – Männern unter sich geben sich dann doch die Hand oder sagen nur "Hallo". Was für Zeit meines Lebens mich dieser Brauch schon gekostet hat! Familienfeste sind hier besonders schlimm... man stelle sich vor, dass man mit dem kleinen Familienkreis von 5 Personen beisammen sitzt und Onkels, Tanten, Oma und Opa und Cousins und Cousinen eingeladen hat. Bei jeder neu eintreffenden Person muss man dann als Frau aufstehen und Küsschen links, rechts, links geben. Sich wieder setzen. Und die Person muss dann natürlich dem kleinen Familienkreis Küsschen geben und sich auch setzen. Kommt die nächste Person geht es wieder los... und man kommt sich entfernt vor wie bei Reise nach Jerusalem mit den Stühlen, aber dann in langsam.

Neben den Küsschen gibt es noch eine feststehende "Einrichtung": Den sogenannten „Borrel“. Auf Deutsch könnte man das wohl am Ehesten übersetzen mit Umtrunk und das läuft dann so ab, dass Bier, Wein, Orangensaft und "Fris" (Erfrischungsgetränke wie Cola, Fanta, Sprite) und dazu Chips, Nüsse, "droge Worst" (getrocknete Wurst) und natürlich Käsewürfel angeboten werden. In entspannter Atmosphäre bespricht und feiert man dann so quasi alles. Bei uns heißt es „kein Bier vor vier“, der Borrel fängt dagegen in der Regel nicht für fünf an. Ursprünglich kommt das Wort übrigens vom mittelniederländischen „borre / borne“ (Brunnen, Brunnenwasser) und stand für ein Glas Jenever. Mittlerweile

wird es nicht nur synonym für einen Schnaps trinken verwendet, sondern für das gesellige Besammensein bei Häppchen (hapjes) und Getränken (drankjes). Für die „Fris"trinker noch wissenswert: Mineralwasser mit Kohlensäure wird wesentlich weniger getrunken als bei uns und ist längst nicht in jedem Haushalt vorhanden.
Borrels werden z.B. mit Dozenten und Studenten abgehalten um ein Studienjahr abzuschließen, um das 10-jährige Bestehen eines Studiengangs zu feiern, am 1. Januar als "Nieuwjaarsborrel", als Familienfest, als Nachbarschaftsfest, als... ja eigentlich wüsste ich nicht, was man bei unseren Nachbarn NICHT mit einem Borrel feiert.

Apropos nieuwjaar – Ende Dezember werden die Niederländer eifrig in der Küche und beginnen, "Oliebollen" zu machen. Das sind in etwa runde Berliner (auch bekannt als Krapfen oder Pfannkuchen bei uns), nur ohne Marmelade gefüllt. Wortwörtlich übersetzt heißt es übrigens "Ölbälle" und so schmeckt es dann auch. Man spürt förmlich beim Essen, wie dieser Ölball sich gemütlich auf der Hüfte als Fettpolster niederlässt. Die ersten 2, 3 Oliebollen meines Lebens fand ich noch echt lecker, aber spätestens am 2. Januar kann man die Teile einfach nicht mehr sehen und sehnt sich – natürlich mit Vorsätzen für ein gesundes neues Jahr – nach leichter Kost.

Beschuit met muisjes – Zwieback mit Streuseln – sei hier auch noch als Brauch erwähnt. Bei der Geburt eines Kindes wird dies an Kollegen, Nachbarn, Freunde verteilt. Natürlich gibt es passend zum Geschlecht des Kindes entweder rosa oder blaue Streusel.

Neben merkwürdigen Bräuchen sind die Niederländer auch offen für kuriose Feste – so findet z.B. einmal im Jahr ein „Rothaarigentag" in Breda statt, bei dem sich etwa 4000 Rotschöpfe (und rund 8000 weitere Besucher) aus aller Welt treffen.

Nicht überrascht sein sollte man, wenn es häufiger mal an der Tür klingelt, gerade in den frühen Abendstunden. In verschiedenen Wohngegenden wird regelmäßig für das „goede doel" (den guten Zweck) gesammelt, z.B. für eine Krebsstiftung, für hungernde Kinder, Alzheimerforschung und und und. Es ist üblich, dann ein paar Euro zu geben. Leider kann es hier auch zu Betrugsfällen kommen; im Zweifelsfall sollte man also fragen, ob die- oder derjenige eine „collectevergunning" (Sammelgenehmigung) besitzt und vorzeigen kann.

Briefe

Wer hat nicht schon oft die Briefumschläge verflucht, bei denen man die Briefe so komisch an der Markierung oben falten muss und dann nochmal und es dann am Ende doch oft nicht so toll passt, wie man es geplant hatte? Hah, in den Niederlanden ist das anders! Man faltet das Papier einfach in der Mitte und steckt es in den genau passenden Briefumschlag. Warum sollte man sich das Leben auch unnötig erschweren?

Coffee Shops

Seit dem Jahr 1976 sind in den Niederlanden offiziell Coffeeshops legal, in denen Personen ab 18 Jahren bis zu fünf Gramm Cannabis kaufen dürfen. Gesellschaftlich nach wie vor sehr umstritten, werden sie gerade in größeren Städten von schätzungsweise 95% Ausländern besucht. Es gelten strenge Regeln, wie z.B. ein Verbot von Werbung jeglicher Art. Dass Coffeeshops nach wie vor bestehen kommt wohl auch dadurch, dass die Drogensterblichkeit in den letzten drei Jahrzehnten im Nachbarland abgenommen hat und der Cannabiskonsum nicht höher als in anderen europäischen Ländern ist.

Im Mai 2012 wurde, um den Drogentourismus aus Belgien einzudämmen, ein Gesetz in den südlichsten drei Provinzen eingeführt, das nur noch volljährigen niederländischen Staatsbürgern den Zutritt zu Coffeeshops erlauben sollte. Diese sollten im Vorfeld einen „Wietpas“ bei entsprechender Registrierung erhalten. Da der illegale Straßenhandel mit Drogen mit Einfuhr des „Wietpasses“ stark zugenommen hat, war schnell wieder von einer Abschaffung bzw. Lockerung des neuen Gesetzes die Rede. Seit Ende 2012 ist der Wietpas Geschichte, stattdessen muss man im Coffeeshop zeigen können, dass man in den Niederlanden wohnt. Jede Gemeinde hat jedoch die Freiheit, diese Regeln selbst anzupassen.

Fahrräder

Ein Niederländer ohne Fahrrad, das wäre wie... Pommes ohne Mayo! Suppe ohne Salz! Fußball ohne Spieler!

Ich kenne keinen einzigen Niederländer, der kein Fahrrad hätte. Viele haben auch mehrere. Man sagt z.B., dass die meisten Amsterdamer drei Fahrräder besäßen, aber nicht wissen, wo sie stehen. Und wohl in keinem Land ist die Fahrrad-Klau-Rate so hoch wie bei unseren Nachbarn (jährlich „wechseln" etwa eine Million Fahrräder den Besitzer). Wenn man die Niederländer auf das Klauen anspricht, heißt es oft: "Die werden halt durchgetauscht". Mein Tipp: Mehrere gute Schlösser besorgen und das Fahrrad immer an etwas festmachen, was sich nicht wegtragen lässt. An einer Mauer oder so. Jedes Schloß ist knackbar, aber wer eins (oder mehrere) hat, bei denen das Knacken lang dauern würde, hat man gute Chancen, dass seine Fietse stehenbleibt. Eine Registrierung des Fahrrads ist auch anzuraten. Wer in der Innenstadt oder an Bahnhöfen parkt, hält am besten Ausschau nach „bewaakte stalling", das sind bewachte Fahrradparkhäuser, in denen das Fahrrad ziemlich sicher abgestellt werden kann. Oft sind diese am ersten Tag kostenlos.

Da hier zudem viele Fahrradlichter geklaut werden, wenn sie nicht niet- und nagelfest sind, sieht man hier öfter Leute durch die Gegend fahren, die sich einfach Lampen mit Batterie um den Hals hängen. Dies ist anscheinend laut Polizei auch kein Problem, solange das Licht vorne weiß und hinten rot ist.

Werden Fahrräder längere Zeit stehengelassen, werden sie abgeholt und in der Regel drei Monate lang in einem Depot bewahrt (bei der Polizei zu erfragen), wo sie vom Eigentümer mit passendem Schlüssel abgeholt werden können. Nach dieser Schonfrist wird ein Teil in den Gebrauchthandel gegeben, ein Teil geht nach Afrika und der Rest auf den Schrottplatz. Die örtliche Polizei veranstaltet regelmäßige Aktionen, bei der gestohlene Fahrräder, die nicht abgeholt oder gemeldet wurden, günstig abgegeben werden – hier sollte man in jedem Fall vorbeischauen (so früh wie möglich), wenn man auf der Suche nach einem guten, nicht zu teuren Fahrrad ist.

Oh, und lasst euch nicht auf die Diskussion ein, dass jeder Deutsche ein Fahrrad in seinem Schuppen hat. Fragt besser nicht, ihr werdet schon früh genug erfahren, was es damit auf sich hat...

Aber genug von den Warnungen und negativen Meldungen, man wird die wunderbaren, gemütlichen Hollandräder schnell lieb gewinnen und nicht mehr missen wollen. Ebenfalls zum Stadtbild gehören „Bakfietsen", Fahrräder mit einer großen Kiste vorn oder an der Seite. Die sind oft so geräumig und praktisch, dass Studenten schon ganze Umzüge damit gemeistert haben.

Die Liebe der Niederländer zu ihren Fietsen geht übrigens sogar so weit, dass an den Wochenenden in der Einfahrt Fahrräder statt Autos gewaschen werden.

Fußball - leidiges Thema

Oder "Große Klappe und nix dahinter?

Die Europameisterschaft 2012! Hah, was für eine Schadenfreude für mich! Seit 1974 hat die niederländische Lockerheit gegenüber Deutschland zumindest im Bereich Fußball ganz stark abgenommen, als die deutsche Mannschaft den zunächst führenden Niederländern den Sieg abgerugen hat. Man glaubt gar nicht, was sich Deutsche während des Fußballs alles anhören dürfen. Beispiel: „Keine Chance", „wir werden euch so fertig machen", „komm doch heut Abend das Spiel mit uns gucken, wenn du dich traust". Nicht, dass ich mich ansonsten für Fußball interessiere, aber hach war das schön, dann mal gemeine Retourkutschen auf die Reise schicken zu können.

Man kann den Niederländern vieles nachsagen, aber nicht, dass sie Fußball locker nehmen könnten. Hauptsache alles „oranje"! Die Straßen werden mit orangen Fahnen dekoriert, orange Hüte und Tücher werden verteilt, die Supermärkte (ja, Lidl auch!) haben extra oranges Gebäck im Angebot.

Verlieren die Niederländer dann, ist der Trubel genau so schnell wieder vorbei wie er angefangen hat und kein Wort wird mehr darüber verloren (maximal ein „Dabeisein ist alles"). Aber Vorsicht: Niederländer sind verdammt sensibel, was Fußball und Deutschland betrifft, also dieses Thema besser meiden, wenn man sich keine Feinde machen möchte.

Mit achtzehn Mannschaften entspricht die „Eredivisie" (Ehrendivision) in etwa der Fußball-Bundesliga, wie man sie auch in Deutschland und Österreich kennt. Die Zweite Liga, ursprünglich „Eerste Divisie" genannt, trägt jedoch den Namen des Hauptsponsors, der Brauerei Jupiler, und heißt jetzt „Jupiler League".

Geburtstage

Geburtstage im Freundeskreis sind zwar vergleichbar mit Geburtstagen bei uns, aber im Familienkreis erlebt man doch so einige Überraschungen. Ganz gesittet wird man je nach Tageszeit (meist 8 Uhr abends, am Wochenende aber auch schon mal nachmittags) erst mal zu Kaffee, Tee und pro Person genau einem Stückchen Kuchen eingeladen. Nach einer angemessenen Pause darf man sich dann beim „Borrel" auch ein Bier, Wein oder Fris genehmigen. Wie schon weiter vorne erwähnt, gehören zu dem Umtrunk natürlich auch Snacks. Oft sind das Käsewürfel, getrocknete Wurst, Cracker mit verschiedenen Dips etc.

Meist lösen sich diese Feierlichkeiten dann auch recht schnell wieder auf und hinterlassen gelegentlich das Gefühl eines Höflichkeitsbesuches (nicht, dass gerade das bei uns jetzt so anders wäre).

Sehr amüsiert hat mich auch die Tatsache, dass jedem Angehörigen gleich mitgratuliert wird. „Herzlichen Glückwunsch zum Geburtstag deiner Schwägerin" ist anfangs gewöhnungsbedürftig.
Zum 50. Geburtstag gibt es übrigens eine verrückte Tradition: Man stellt sich als Mann einen riesigen „Abraham", und – seltener – als Frau eine „Sara" in den Garten und jeder, der da vorbei fährt, hupt dreimal. Manchmal fragt man sich, ob wir wirklich so nah an den Niederlanden liegen.

Hausbesetzer

Anfangs noch als legaler Vandalismus bezeichnet, hat das Hausbesetzen in den Niederlanden seit den 1980er Jahren einen weit weniger schlechten Ruf als bei uns. Allein in Amsterdam wohnen noch über 200 Hausbesetzer – auf Niederländisch „Kraker" genannt – in leerstehenden Gebäuden. Zu knapp war der Wohnraum, gerade für Studenten, und leerstehende Häuser wurden so z.B. vor dem (erst in einigen Jahren bevorstehenden) Abriss besetzt, was sogar von den Gemeinden geduldet wurde. Auch gibt es eine „Anti-Kraker" Bewegung, bei der der Eigentümer bzw. die Stadt Häuser, alte Schulen und andere Gemeindegebäude für eine geringe Miete besetzt lässt (z.B. 186€/Monat für über 300m²), um sie gegen echte Kraker zu schützen – allerdings ohne offiziellen Mietvertrag.
Seit dem 1. Oktober 2010 ist das richtige Kraken offiziell verboten und kann mit einer Geldbuße oder sogar mit bis zu einem Jahr Gefängnis bestraft werden, allerdings gibt es auch hier noch juristische Debatten darüber, inwiefern das Krakverbot nicht sogar gegen das Grundgesetz verstößt.

Hausboote

Wer wohl ursprünglich auf die Idee kam, auf einem Hausboot zu wohnen? In einem Land, in dem überall Wasser fließt oder steht ist dies auf jeden Fall sehr praktisch. Und da die Städte sowieso schon überbesiedelt sind, baut man sich einfach eine Wohnung auf dem Wasser, warum nicht? Etwa 1 Millionen Hausboote sind allein in Amsterdam angesiedelt. Sogar Studenten können hier Zimmer mieten und die Hausboote haben oft Internetanschluß und können wirklich luxuriös ausgestattet sein! Gut, ich weiß nicht, wie kühl und feucht es im Winter auf so einem zugigen Bötchen ist, aber wer keine Wohnung auf dem Land findet, kann sich diese Option zumindest einmal anschauen. Wenn so viele andere dort wohnen, muss es ja ganz ok sein. Die meisten dieser Hausboote bewegen sich übrigens nicht vom Fleck, viele sind nicht mal fahrtüchtig – man braucht also keine Angst zu haben, dass man am nächsten Tag in einer anderen Stadt aufwacht...

Klaustrophobie im Treppenhaus

Wer Angst vor engen Räumen hat, wird in einem alten Amsterdamer Treppenhaus keine große Freude haben. Da früher Steuern abhängig von der Breite des Hauses festgelegt waren, wurden die Häuser möglichst schmal, dafür aber tief und hoch gebaut. Das schmalste Haus in Amsterdam steht am Singel 7 und ist gerade einmal etwas mehr als einen Meter breit.

Das hat einen großen Nachteil: Möbel bekommt man kaum oder gar nicht durch das Treppenhaus! Sie werden stattdessen mit einem Flaschenzug über das Fenster ins Haus transportiert. Dieses Phänomen und vor allem die beängstigend schmalen Treppenhäuser sind aber nicht nur auf Amsterdam beschränkt, sondern überall im Land vorzufinden.

Die oftmals erwähnte Gardinensteuer ist dagegen nur ein Gerücht, mit dem man zu erklären versuchte, warum die Niederländer so große Wohnzimmerfenster, aber keine oder nur sehr kleine Gardinen haben. Sehr wahrscheinlich rührt die Offenheit der Fenster jedoch daher, dass hiermit gezeigt werden soll(te), dass man nichts zu verbergen hat (oder, dass man einfach gerne wissen möchte, was in der Nachbarschaft so los ist).

Klompen und andere typische Trachten

Weit über die Grenzen bekannt sind die typischen Holzschuhe, auch Klompen genannt. Diese waren im Gegensatz zu Lederschuhen erschwinglich und besonders praktisch auf dem verregneten Land – schützten sie doch vor Schmutz und Feuchtigkeit, ohne dass die Füße anfingen zu schwitzen.

Doch auch die bekannten Trachten mit der weißen (Flügel-)Haube und dem blau-weiß-roten Kleid inkl. Schürze sollen nicht unerwähnt bleiben. In einigen kleineren Orten werden nach wie vor noch regelmäßig Trachten getragen, sogar von der jüngeren Bevölkerung. Besonders in Volendamm, eben bekannt durch die Frau Antje Vermarktung, kommt dies noch häufig aus touristischen Gründen vor.

Kosmetik und Drogerieartikel

Was ist das teuer bei den Nachbarn! Den Grund hierfür habe ich noch nicht herausgefunden – vielleicht wurde ja vor Jahren eine Drogeriesteuer eingeführt, so wie die deutsche Kaffeesteuer – aber die meisten Produkte sind locker 30-50% teurer. Am besten deckt man sich also vor seinem Aufenthalt noch einmal gut ein mit Shampoo, Zahnpasta und was man sonst so benötigt. Auf die Idee, sich die Waren (z.B. von Rossmann, DM und co.) in die Niederlande liefern zu lassen, bin ich zwar gekommen – dies bieten die Warenhäuser jedoch (bis jetzt noch) nicht an. Lässt man sich ein Päckchen zuschicken, liegen die Versandkosten ansonsten bei rund 20 Euro und somit lohnt sich diese Variante nur, wenn man unglaublich viele Drogerieartikel zu bestellen hat.

Lekker

Würde man eine Strichliste der am häufigsten gebrauchten niederländischen Worte führen, so würde „lekker" bestimmt Platz 1 erreichen. Kein Wunder – lecker wird dort für so vieles gebraucht: „Lecker Wetter heute, oder?" „Ich fühle mich heute nicht so lecker". „Möchtest du noch einen Kaffee?" – „Ja, lecker!"
Was sich im Deutschen eher albern als angenehm anhört, kommt so in der ganz normalen niederländischen Umgangssprache vor. Man gewöhnt sich aber schnell daran, und wird dann komisch angeschaut, wenn man die gleichen Konstruktionen im Deutschen anwendet: „Das war jetzt aber lecker einfach, oder?"

Lotterij

Gerade zu speziellen Anlässen wie Geburstagen und Weihnachten werden neben Zeitschriften (ungelöstes Rätsel!) auch gerne Lose verschenkt. Besonders beliebt sind hier die sogenannten „Krasloten" (Rubbellose), bei denen man je nach Anzahl und Typ der freigerubbelten Felder hohe Geldpreise von z.B. 100.000€ oder 250.000€ gewinnen kann.

Eine Besonderheit stellt auch die „Postcodeloterij" dar, bei der sich oft Nachbarn zusammentun, um mit dem eigenen Postcode (4 Ziffern und 2 Buchstaben) mitzuspielen. Man kann zwar auch willkürlich jeden anderen Postcode wählen um mitzuspielen, dies wird in der Praxis jedoch kaum gemacht. Wird der eingesetzte Postcode gezogen, gewinnen die bis zu 499 Teilnehmer (pro Code) mehrere Millionen Euros.
Die „Vriendenloterij" (Freundenlotterie) zahlt die Hälfte der Einnahmen an einen guten Zweck, wobei die Teilnehmer selbst wählen können, wohin genau ein Teil der Einnahmen geht (z.B. Diabetesstiftung, Aids Fonds).

Niederlande macht erfinderisch

Beschäftigt man sich etwas näher mit den Niederlanden, findet man schnell heraus, dass dort viele erfinderische Köpfe im Laufe der Geschichte innovativste Ideen hervorgebracht haben. Über die Grenzen hinaus bekannte Wissenschaftler sind z.B. der Mikroskopbauer Antoni van Leeuwenhoek oder der Astronom, Physiker und Mathematiker Christiaan Huygens. Auch sei an dieser Stelle Erasmus von Rotterdam, ein niederländischer Humanist und Philosoph des 15./16. Jahrhunderts, erwähnt. Nach ihm wurde das „Erasmus"-Programm für Aus-

tauschstudenten benannt. Aus ganz Europa reisten zudem Wissenschaftler an die 1575 gegründete Universität in Leiden, um von der in den Niederlanden herrschenden Lehr- und Forschungsfreiheit Gebrauch zu machen.
Als bedeutende Handelsmacht haben die Niederländer auch die erste Aktie (1602) in Amsterdam eingeführt.

Auch heute noch sind viele Ideen der Nachbarn einzigartig. Sie schrecken nicht vor verrückten Erfindungen wie z.B. beheizten Radwegen zurück, die die Wärme im Sommer unterirdisch speichern und im Winter abgeben sollen, sodass die Radwege nicht mehr zufrieren. Auch werden alltäglichere Erfindungen wie Etiketten auf Lebensmitteln, die eine unterbrochene Kühlkette signalisieren oder ein Bewässerungssystem für Obst und Gemüse im Supermarkt eingesetzt. Unkaputtbare Regenschirme gegen das unbarmherzige Wind-/Regenwetter z.B. von der Firma Senz mit Sitz in Delft sollen das tägliche Leben angenehmer gestalten.

Öffentliche Verkehrsmittel

Eine Bahn, die pünktlich kommt und sogar bezahlbar ist – die Niederlande machen es möglich! Einmal durch das komplette Land zu reisen kostet hier normalerweise nicht mehr als 25 Euro und als niederländischer Student, oder als ausländischer Student mit OV-Karte bekommt man entweder 30% Rabatt (korting) oder kann sogar komplett gratis reisen.

Die sehr verbreitete OV-Chipkaart führt dazu, dass man beim Einsteigen in den Bus und am Bahngleich überall gleichmäßiges Piepen hört – denn mit dieser Karte wird "eingecheckt". Die Karte kann man per Internet kostenpflichtig beantragen und dann z.B. online aufladen oder – nur als Student mit Recht auf niederländische Studienfinanzierung – ein sogenanntes Studentenreisepaket beantragen. Hiermit kann man entweder am Wochenende oder unter der Woche (nicht beides! Man muss selbst wählen) gratis mit Bus und Bahn reisen – komplett im gesamten Land! Die Chipkarte bietet ein praktisches System und funktioniert erstaunlicherweise fast immer fehlerlos.

Auch sonst bin ich von den öffentlichen Verkehrsmitteln wirklich begeistert und habe sowohl mit Bus als auch mit der Bahn keine größeren Verspätungen mitgemacht, keine Ausfälle gesehen, und, wenn es dann mal beginnt zu schneien, steht nicht plötzlich alles still.

Sind die Busse in der Rushhour dann mal komplett überfüllt, ändern die einfach ihre Anzeige – von der Busnummer zu dem Text „Bus vol“. Schön ist auch an manchen Bahnübergängen der eingängige Spruch "wil je blijven leven, wacht dan even" ("Willst du am leben bleiben, warte dann eben" - Holländer LIEBEN Reime!).
In kleineren Städten (Dörfchen) kommt es auch schonmal vor, dass man sich abends einen Bus erst „reservieren“ muss, unter Angabe seiner Telefonnummer.

Statt eines wirklichen Busses werden dann, falls nicht genug Leute anrufen, einfach Taxis eingesetzt, die einen zum gleichen Preis von der einen bis zur anderen Bushaltestelle (oder auch schonmal bis vor die Haustür) bringen – sehr praktisch, spart im Endeffekt sicher Geld für den Busbetrieb und ist ein super Service. Warum kann es nicht überall so unkompliziert sein?

Pfand

In den Niederlanden gibt es weder Dosenpfand noch Pfand auf kleinen (bis 500 ml) Flaschen. Was mir schon öfter mal zum Verhängnis geworden ist, wenn ich meine Familie besucht habe und unter den entsetzten Augen meiner Mutter kleine Flaschen zerdrückt und in den Müll geworfen habe.
Glasflaschen und große Plastikflaschen werden jedoch behandelt wie bei uns und die Automaten funktionieren definitiv besser und länger.

Postkarten

Die Liebe einer typisch niederländischen Familie zu Postkarten ist wohl nur durch die Liebe zu Käse zu überbieten. Zu jeder Gelegenheit werden an alle Menschen, die man kennt, Postkarten verschickt. Geburtstage und Weihnachten (ok, das gibt es bei uns ja auch), Ostern, bestandene Prüfung, Geburt, Umzug, Urlaub und so weiter.
Das ist jedoch noch nicht das Komische – aber wie saisonale Dekoration werden die Postkarten aufgestellt oder aufgehangen! Ein Meer an Postkarten ziert dann z.B. einen weißen Schrank und je mehr man hat, desto besser. Man kann sogar extra Postkartenständer und –hänger für zu Hause kaufen, auf denen die Karten sich dann hübsch aneinanderreihen lassen. Na, die kommen auf Ideen!

Post(codes)

Statt Postleitzahlen besteht das niederländische System seit 1978 aus einem Postcode: 4 Ziffern, ein Leerzeichen und 2 Buchstaben, z.B. 9737 NT.
Fügt man hier noch die Hausnummer hinzu, ist die Adresse eindeutig; ein Straßenname muss gar nicht mit angegeben werden. Es ist beim Versenden in die Niederlande daher auch unbedingt darauf zu achten, diesen Postcode korrekt anzugeben – macht man hier einen Fehler, geht die Sendung in der Regel zurück. Auf einen Postcode kommen maximal 25 Adressen.

Leider sucht man günstigen Buchversand vergebens. Auch große Versandhäuser schicken in der Regel nicht portofrei. Amazon hat noch keine niederländische Niederlassung, dafür ist bol.com die Hauptanlaufsstelle beim Kauf von Büchern,

DVDs und Co., versendet für immerhin 1,99 Euro bis zu einem Bestellwert von 20 Euro und hat zudem gebrauchte Bücher (tweedehands) im Sortiment.

Schaatsen und Elfstedentocht

Die Niederlande, das Wasserland, sind Weltmeister im Schlittschuhlaufen – bei der letzten WM haben sie im Eisschnellauf gleich 23 von 32 möglichen Medaillen abgestaubt, hierunter achtmal Gold, siebenmal Silber und achtmal Bronze. Im Winter findet sich in fast jedem Stadtzentrum eine kleine Schlittschuhbahn zum Üben, sodass man auch nicht zu kurz kommt, wenn die Seen in der Nähe mal nicht zugefroren sein sollten. Auch die zugefrorenen Kanäle und Grachten, nicht nur in Amsterdam, werden gerne zum Schlittschuhlaufen zweckentfremdet. Auf ein ganz besonderes Event wird jeden Winter wieder – meist vergeblich – hingefiebert: Die sogenannte Elfstedentocht (Elf-Städte-Tour oder auch Alvestêdetocht, wie sie korrekt auf friesisch genannt wird). Die berühmte Eislauftour, an der viele tausend Eisläufer um die Wette laufen können, findet nur statt, wenn eine fast 200 Kilometer lange Strecke von Kanälen komplett zugefroren ist – und zwar mindestens 15 cm dick. Zuletzt wurde die Strecke, die elf friesische Städte verbindet, 1997 freigegeben.

Sinterklaas und weitere Feste

Viele Feiertage sind identisch zu unseren Feiertagen, daher stelle ich hier nur die wichtigsten, ganz speziellen niederländischen Feiertage vor:

Koningsdag bzw. ursprünglich Koninginnedag

Die Niederlande haben im Gegensatz zu uns ein Königshaus, und das muss natürlich ordentlich gefeiert werden! Bis 2013 wurde einmal im Jahr, am 30.04, der Koninginnedag gefeiert, zu Ehren der Königin Juliana, die an dem Tag Geburtstag hatte.

Durch das Zurücktreten der Königin Beatrix (die Tochter der ehemaligen Königin Juliana) in 2013 und Übernahme des Amtes durch ihren Sohn Willem-Alexander hat sich der Koninginnedag nicht nur verschoben auf den 27. (bzw. 26.4. wenn es sonst auf einen Sonntag fallen würde), sondern wurde auch umbenannt in Koningdag.

Da dies ein Nationalfeiertag ist, ist alles geschlossen, jeder hat frei und es gibt im Vorfeld einfach alles in orange zu kaufen: Kleidung, Haarspray, Muffins und anderes Gebäck, Vanillevla, Dekoration fürs Haus usw. Quasi die gleichen Produkte wie bei der Fußball-WM/EM.

An dem Tag selbst finden dann in jeder Stadt irgendwelche Feierlichkeiten statt, oft mit Musik und anderen Liveshows und verdünntem Bier in Plastikbechern auf der Straße. In Amsterdam hat man um 21.45 am Sloterplas die Möglichkeit, ein großes Feuerwerk zu bestaunen.

Ich hatte selbst einmal die verrückte Idee, an einem Koninginnedag in die Innenstadt (von Groningen) zu fahren – nie wieder! Man kann sich kaum vorwärts bewegen und ist einfach nur froh, wenn man sich wieder aus der Menschentraube geschält hat. Da schaue ich mir das Spektakel doch lieber in den Nachrichten an. Wenn man jedoch wirklich niederländische Kultur hautnah und in Farbe erleben will, dann immer rein in die Menge!
Vor dem abendlichen Wahnsinn findet in vielen großen Städten auch noch tagsüber der sogenannte „Vrijmarkt“ statt; ein riesiger Flohmarkt auf dem jeder ohne Genehmigung alles, was er nicht mehr benötigt, verkaufen kann.

Sinterklaas

Ein Weihnachtsfest wie wir es kennen mit Adventszeit, Adventskranz, 4 Kerzen und Heiligabend am 24.12. gibt es so in den meisten Familien (noch) nicht.

Stattdessen geht es schon im November los mit der Ankunft von Sinterklaas, dem niederländischen Nikolaus. Mit einem "stoomboot" (Dampfschiff) kommt er aus Spanien und bringt seinen „schwarzen Piet“ mit, bzw. gleich mehrere. Der schwarze Piet hat in den letzten Jahren zu heftigen Diskussionen über Rassismus geführt, 2013 z.B. angezettelt von der Uno. Schwarz angemalt mit rotgeschminkten Lippen soll er an eine Karikatur des schwarzen Eingeborenen aus Koloniezeiten erinnern, oder auch an die Minstrel Shows aus dem 19. Jahrhundert. Versuche zur Einführung eines bunten Piet sind bislang gescheitert. Fragt man die Niederländer selbst zu diesem Thema, erntet man meist verständnislose oder entrüstete Blicke – Rassismusabsichten verbergen sich hier keinesfalls, sondern sie wollen einfach an einer liebgewonnen Tradition festhalten, die für sie zu Sinterklaas dazugehört wie für uns der Weihnachtsbaum zu Weihnachten.

In der kommenden Zeit können die Kinder dann immer mal wieder kleine Geschenke (cadeautjes) bekommen, wenn sie einen Schuh rausstellen, dazu ein selbstgemaltes Bild oder geschriebenes Gedicht und eine Möhre für das Pferd vom Sinterklaas dazu legen, und warten. Für die Gedichte gibt es für Einfallslose übrigens im Internet extra Gedichtgenerator, bei denen man nur den Namen und das Geschenk eintragen muss, um ein paar annehmbare Reime zu erhalten.

In der ganzen Weihnachtszeit wimmelt es überall von „Peternootjes“, die jedoch im Gegensatz zu den unseren Pfeffernüssen ganz klein und trocken sind. Nicht zu vergessen sind natürlich auch die Schokoladenbuchstaben (Chocoladeletters), die sogar ich als Nicht-Niederländerin von der Familie meines Freundes, äh ich meine natürlich vom Sinterklaas, bekommen habe. Auch Spekulatius in verschiedenen Varianten (speculaasbrokken, gevulde speculaas), Banketletters

mit Marzipan und Blätterteig, taaitaai (etwa wie Honiglebkuchen, sehr zäh) und Schuimpjes (unglaublich süßes, etwas hartes Zuckerschaumstoffzeugs) kommen in der Sinterklaaszeit auf den Tisch bzw. in den Magen.
Am 05.12. ist dann der „Pakjesavond", an dem so genannte „surprises" mit hübscher Verpackung versehen werden. Die Geschenke werden dann in einen großen Sack gelegt und der Nachbar oder ein Familienoberhaupt stellt den Sack vor die Tür, klingelt und verschwindet schnell und ungesehen wieder. Beim Auspacken muss dann jedes Kind für jedes Geschenk ein (am besten) selbstgeschriebenes Gedicht vortragen. Eine schöne Beschreibung des ganzen Festes und Drumherums ist auf dem Blog Deutscherin nachzulesen.

Schöne Weihnachtsmärkte sucht man in den Niederlanden leider vergebens. Anscheinend geht das aber nicht nur uns so, denn gerade in den grenznahen Städten findet man Unmengen an Niederländern, die sich am Glühweinstand die Hände wärmen und unser Weihnachtsgebäck verkosten.
Ein Weihnachtsfest mit richtigem Baum und Geschenken am 25. Dezember ist auch immer mehr im Kommen. Wer daran teilnimmt, sollte bloß nicht auf die Idee kommen, die Geschenke in das Sinterklaas-Geschenkpapier einzupacken (auch, wenn es um die Zeit herum gerade wegen Ausverkaufs verbilligt ist). Das ist für die Niederländer so, als würde man Oster- oder Geburtstagsgeschenke in unser Weihnachtspapier mit Engeln und Schneemännern einpacken.

Viele Supermärkte machen bei Aktionen für Kinder mit. Man kann hier als Kind einen gebastelten Papierstiefel hinbringen, der dann kostenlos mit Süßigkeiten gefüllt wird. Zum Laternesingen gehen die Kinder nicht nur zu normalen Wohnhäusern, sondern singen auch in Supermärkten, wo sie oft noch wesentlich mehr abstauben.

Oud en niew

Mit Erstaunen musste ich feststellen, dass kaum jemand den Begriff "Silvester" kennt. Stattdessen nennt man den 31.12. "oud en nieuw" (alt und neu) und den 1.1. dann „nieuwjaarsdag". Am „oudejaarsavond" sind viele Feierlichkeiten in der Stadt organisiert (in diversen Bars, Cafés etc.), bei denen man zu einem bestimmten Eintrittspreis dann kostenlos essen und trinken kann. Bisher habe ich mein oud en nieuw jedoch immer auf privaten Partys verbracht, die eigentlich nicht anders waren, als bei uns auch.

Bleigießen kennen die Niederländer übrigens nicht, dafür aber natürlich Feuerwerk. Für den Feuerwerkskörperkauf fahren sie jedoch gerne nach Deutschland – dort ist das Feuerwerk oft billiger. Importieren von Feuerwerkskörper aus dem Ausland ist in der Regel illegal, es sei denn, die gekaufte Ware entspricht auch den niederländischen Sicherheitsregeln. Mehr als 25 Kilo pro Wagen dürfen jedoch selbst dann nicht über die Grenze transportiert werden, ansonsten wird im

Falle einer Kontrolle alles beschlagnahmt. Kauft man Feuerwerk in den Niederlanden, in speziell hierfür eingerichteten Shops, trägt man in einer Liste ein, was genau man benötigt und in welcher Menge. Dies wird einem dann aus dem Lager mitgegeben.

Eine Tradition, die man auch bei uns in einigen Gebieten kennt: Ganz Verrückte begeben sich am 1.1. morgens zu einem „nieuwjaarsduik“, also Neujahrstauchen, und steigen mit Gleichgesinnten in eiskaltes Wasser, um das neue Jahr gleich frisch zu begrüßen.

Weitere Details über die traditionell zu Silvester gebackenen Oliebollen im Abschnitt Bräuche.

Sport

Als typisch niederländischen Sport könnte man wohl höchstens das Schlittschuhlaufen bezeichnen. Ansonsten trifft man hier ebenfalls viel Fußball, Basketball und Tennis an, aber auch Hockey, Golfen, Minigolf und Reiten. Nicht allein professionell, dafür aber noch häufiger wird hier natürlich Fahrrad gefahren.

Ein berühmtes Ereignis ist der sogenannte „Nijmegse Vierdaagse“, bei dem es sich um einen vier Tage andauernden Fußmarsch handelt.

Über die Grenzen Deutschlands – vor allem in der Grafschaft Bentheim – geschwappt ist auch das „Kloatscheeten“ (eigentlich im Niederländischen Klootschieten), bei denen eine schwere Kugel (Kloat) von zwei Teams abwechselnd möglichst weit geworfen wird.

Untertitel

Fast alle Filme werden in den Niederländen in Originalsprache mit niederländischem Untertitel gezeigt. Mittlerweile würde ich nicht sagen "die Filme sind auf Englisch", sondern "die Filme werden im Original gezeigt". Es ist nach einer ersten Zeit der Gewöhnung echt störend, wenn man in der Heimat dann einen Film oder eine Serie guckt und die Lippensynchronisation so gar nicht passt, die Stimmen überhaupt nicht zu den Schauspielern passen, die Sprüche schlecht übersetzt sind oder gar in Reportagen einfach über das originale Interview drüber gesprochen wird – wie soll man sich da konzentrieren?

Für uns Deutschsprachige ist es am Anfang wirklich etwas schwierig, zugegeben. Zumindest wer nicht regelmäßig englische Serien geschaut hat, weiß vermutlich mit vielen amerikanischen Redewendungen nichts anzufangen. Aber ihr werdet euch bestimmt daran gewöhnen, euer Englisch extrem verbessern, und am Ende Filme gar nicht mehr anders sehen wollen. Also: Augen zu, Ohren auf und durch!

Übrigens führt das Aufwachsen mit Englisch dazu, dass viel mehr englischer Einfluß in der niederländischen Sprache vorhanden ist als bei uns. Z.B. geht man mittags zum "lunch" und natürlich wird es niederländisch ausgesprochen, lünsch, worüber ich mich öfter mal lustig machen musste, oder man nimmt an einem rugby-Spiel teil...„rüchbi" – ohne Worte. Zum Glück sprechen die Niederländer aber im Allgemeinen auch sehr gut englisch, was einem gerade am Anfang bei der Kommunikation hilft, wenn man auf Niederländisch mal so gar nicht weiter weiß.

Verkehr

Auch wenn die Autobahnen und Straßen sehr gut ausgebaut sind, sind Staus an der Tagesordnung. Gerade beim morgendlichen Arbeitsstart und zum abendlichen Feierabend strömen die Massen an Autofahrern aus den umliegenden Örtchen in die großen Städte oder wieder hinaus. Neben dem normalen niederländischen Wort "file" für Stau besteht auch noch das lustige Wort "verkeersinfarct", was noch eine Stufe höher anzusiedeln ist als ein gewöhnlicher Stau – also: Wenn gar nichts mehr geht.

Kultur – Musik, Kunst, Theater & Co.

Im kulturellen Bereich ist nicht nur eine Vielzahl an begabten Künstlern aus allen Bereichen vorhanden, sondern sie werden auch aktiver als bei uns gefördert und auf zahlreichen Veranstaltungen präsentiert.

Autoren

In fast keinem anderen europäischen Land werden verhältnismäßig so viele Bücher gekauft und gelesen wie in den Niederlanden. Unter Bücherfreunden über die Grenzen für ihre hohe literarische Qualität gelobt werden zeitgenössische Autoren wie Harry Mulisch, Geert Mak, Cees Nooteboom, Leon de Winter, Anna Enquist, Hella Haasse, Nelleke Noordervliet und A.F.Th. van der Heijden, um nur einige zu nennen.

Bei Programmen wie der Amsterdamer Büchernacht („Boekennacht") finden zu bestimmten Themengebieten Lesungen und Veranstaltungen in verschiedenen Cafés, Kneipen und Bibliotheken statt. Der Eintritt ist meist kostenlos.

Die besten Autoren erhalten z.B. den „Libris Literatuur Prijs", der mit 50.000 Euro dotiert ist. Er wird einmal pro Jahr für den besten niederländischen Roman verliehen.

Filme

Auch das niederländische Filmbusiness braucht sich nicht zu verstecken. Sieht man von Filmen wie „New Kids“ einmal ab, findet man viele sensible, mit Liebe zum Detail umgesetzte Projekte, die sich häufig mit schwierigen Tabuthemen befassen und auch vor Gesellschaftskritik nicht zurückschrecken (Komt een vrouw bij de dokter, de Tweeling). Selten jedoch werden die Filme für den internationalen Markt gemacht und nur wenige sind daher auch über die Grenzen bekannt. Filmfans, die gerne mehr wissen möchten, kommen auf den Internetseiten der Universität Münster auf ihre Kosten.

Kabarett

Wer auf Comedy steht und schon etwas Niederländisch versteht, dem sei ein Besuch eines der zahlreich angebotenen Programme angeraten. Bekannte Comedians wie Hans Teeuwen, Bert Visscher (der so schnell spricht, dass man selbst mit recht guten Niederländischkenntnissen noch Verständnisprobleme haben kann), Herman Finkers oder Theo Maassen führen ihre Shows meist in Theatern auf.

Maler

Gerade im sogenannten „Goldenen Zeitalter“ um das 17. Jahrhundert herum begann ein kultureller und wirtschaftlicher Aufschwung, der sich besonders in der Malerei zeigte. Mit rund 700 aktiven Malern in 1650 „produzierten“ die Niederlande so viele Gemälde in dieser Zeit (ca. 70.000 jährlich) wie kein anderes Land davor und danach. Wie im ersten Kapitel erwähnt war vor allem der Aufstieg zur See- und Handelsmacht für diese Blütezeit verantwortlich.
Die wohl bekanntesten niederländischen Maler waren Vincent van Gogh, Rembrandt (van Rijn) und Jan Vermeer („Das Mädchen mit dem Perlenohrgehänge“).

Musiker

Von vielen Bands und Musikern, die mit englischsprachiger Musik bekannt sind, weiß man gar nicht, dass sie aus den Niederlanden stammen: The Shocking Blue, Herman Brood, Anouk, Krezip, Focus oder auch Golden Earring. Auch diverse DJs (Tiësto, Laidback Luke, Armin van Buuren) sind weit über die Grenzen bekannt.

Vor allem national mit niederländischsprachiger Musik berühmt geworden sind z.B. der ehemalige Rechtswissenschaften-Student Guus Meuwis, Acda en de Munnik, Spinvis oder Bløf.
Das europaweit bekannte Musikfestival „Pinkpop“ zieht jährlich bis zu 60.000 Besucher an.

Kulturschock?

Anti-Deutschland?

Einer Untersuchung zufolge sahen 1993 noch 56% der Niederländer die Deutschen eher negativ an; bezeichneten sie als „arrogant“ oder „dominierend“. Zu tief saß noch der Schock über den Angriff auf Rotterdam 1940, das ja zur Kapitulation bereit war.
Das Bild hat sich jedoch mehr als 20 Jahre später glücklicherweise deutlich gebessert.
Auch wenn man manche Horrorgeschichten über Deutschlandhass lesen mag – ich habe das in den Niederlanden überhaupt nicht erlebt. Im Gegenteil :Auf mich wurde immer freundlich und offen zugegangen,. und man muss sich nicht wundern, wenn im Gespräch von jungen Männern im Zug neben einem auf einmal die Worte "deutsche Gründlichkeit" fallen (auf Deutsch und mit hartem Ton gesprochen natürlich).

„De dag als de moffen kwamen …“ schrieb Jan Cremer Ende der Fünfziger, ein Kultbuch zu der Zeit. Frei übersetzt: „Der Tag als die Scheißdeutschen kamen.“

„Dieses Wort, „Mof“, das abwertend für Deutsche benutzt wird, ist gelegentlich noch zu hören. Ursprünglich ist es wohl von „Muff“ abgeleitet, allerdings nicht in der Bedeutung von Gestank – wie sollte das bei der Putzfreudigkeit der deutschen Hausfrau auch zustande kommen? – sondern „handfest“ sozusagen, vom Muff, dem Händewärmer, ein heute ganz vergessenes Utensil.

Die Holländer ließen sich ihre Kriege nämlich durch deutsche Mietsoldaten führen. Lieferanten waren vor allem die Landgrafen von Hessen-Kassel bzw. Hessen-Nassau, also aus demselben Stall wie die Königsfamilie. Während bei den Holländern, wie bis dahin üblich, alle Kriegshandlungen im Winter ruhten, zeigten die Deutschen, dass sie auch im Winter zu feuern vermochten. Zu ihrer Ausrüstung zählte eben auch ein Muff, um sich die klammen Finger zu wärmen.
Ja, es sind schon ab und an Spitzen zu hören. Und irgendwann kann man das mit den Fahrrädern in der Garage und dem Grubenbuddeln am Strand nicht mehr hören. Aber all diese Hänseleien sind meist lieb und lustig gemeint und meiner Erfahrung nach freuen sich die meisten Niederländer darüber, mit Deutschen "kletsen" (labern) zu können – zumindest war es so im Osten des Landes. Wie

einem die Niederländer begegnen, hängt außerdem auch zum großen Teil von einem selbst ab. Wer sich offen, freundlich und interessiert gibt, Fußballkommentare erst mal außen vor lässt und einfach probiert, Niederländisch zu sprechen (auch wenn es am Anfang noch völlig holpert), hat beste Chancen, im Nachbarland auch gut aufgenommen zu werden. Die berüchtigte Spuckerei Frank Rijkaards gegen Rudi Völler war wohl ein Ausrutscher …

Duzen, Direktheit, Titelwahn

Sicherlich etwas ungewöhnlich ist es für die meisten, überall direkt geduzt zu werden. Gerade bei der Arbeit oder im Studium, wo man professionelle Distanz erwarten würde, wird man vom Chef, von Dozenten und von älteren Kollegen nicht nur geduzt, sondern soll auch noch gleich zurückduzen. Dies ist absolut nicht als respektlos zu werten, sondern bietet einem freundlich an, auf gleicher Ebene zu stehen. Sich selbst hervorheben oder durch das Siezen Abstand zu schaffen, ist so ganz und gar nicht üblich bei unseren Nachbarn.

Auch mit der Andrede „Sehr geehrter Herr Professor Doktor..." macht man in den Niederlanden kaum jemanden glücklich – eher das Gegenteil ist der Fall. Wie bereits in Kapitel „Land und Leute" im Abschnitt über Calvinismus erwähnt, ist es bei den Nachbarn nicht üblich, sich mit Titeln und Leistungen zu schmücken. Auch an Universitäten ist es gerade in kleinen Studiengängen ganz normal, die Professoren zu duzen und mit dem Vornamen anzusprechen. Man sollte somit keinesfalls beleidgt sein, falls man nicht „standesgemäß" angesprochen wird und es den Niederländern nicht übel nehmen – es ist nicht böse gemeint, sondern liegt einfach in ihrer Kultur begründet.

Zwischen dem „deutschen Du" und dem „niederländischen Du" liegen jedoch auch kleine, feine Unterschiede: Wir signalisieren mit dem Du eher eine gewisste Nähe und Vertrautheit, die wir nicht jedem direkt zugestehen möchten, das niederländische Du hingegen zeigt eher eine gewisse Lockerheit, aber keine Intimität oder Nähe. Vor allem früher wurde das niederländische Sie (u) für Respektspersonen und z.B. auch gegenüber älteren Familienmitgliedern benutzt.

Um nichts falsch zu machen, gilt als Faustregel für Ausländer: Abwarten, wie das Gegenüber einen anspricht – ob jij/je oder u – und in gleicher Form zurücksprechen.

Die direkte Art der Niederländer kann einem ebenfalls anfangs fremd vorkommen. So werden in Gesprächen, auch unter Arbeitskollegen, schnell private Fragen gestellt, aber auch (zwischenmenschliche) Probleme werden schnell und offen diskutiert. Der Dozent wird dann an seinem Geburtstag einfach gefragt „Und, wie alt bist du geworden?"

Hat man sich daran erst einmal gewöhnt und reagiert nicht beleidigt, wird man schnell merken, dass dies vieles in der Beziehung zu seinen Mitmenschen vereinfacht.

Glücklich

Warum sind die Niederländer so glücklich? So entspannt? "Het komt allemaal goed" = Alles wird gut, ist mein Lieblingssatz, der mir durch so manche Krise im Studium geholfen hat. Und es ist auch wie durch Zauberhand immer alles "gut gekommen". Sie jammern natürlich auch schonmal, schneiden aber trotzdem in allen Glücksstudien besser ab als wir.

Laut Ruut Veenhoven spielt hier vor allem die persönliche Freiheit eine Rolle, von der die Niederländer anscheinend viel mehr haben als wir. Sie dürfen z.B. Marihuana konsumieren und ihr Lebensende frei bestimmen – Sterbehilfe ist dort ja weit großzügigerem Rahmen als bei uns erlaubt.

Ob es noch andere Gründe für die entspanntere Lebenshaltung gibt? Meiner Erfahrung nach erfreuen sich die Niederländer öfter an Kleinigkeiten, verbringen mehr Zeit mit Freunden und Familie (ganz gesellig) und – ein wichtiger Punkt – die Bürokratie ist sowas von unkompliziert verglichen mit der Heimat. Wo sonst kann man sich einfach online nach einem Umzug ummelden, und das nicht erst nach einer 10-jährigen politischen Debatte mit anschließender 5-jähriger Probephase? Auch an der Hanze Hogeschool z.B. hat man immer eine Lösung gefunden, wenn man eine Deadline nicht einhalten konnte, während eine Anmeldung an einer deutschen Universität scheiterte, da ich einen einzigen Tag zu spät war (Ausnahme ausgeschlossen).

Auch spürt man weniger Hektik und Unfreundlichkeit im Alltag, nehmen wir z.B. einen Supermarkt. Mitarbeiter scherzen freundlich miteinander, statt sich vom Stress bei langen Schlangen von der Kasse anstecken zu lassen. Auch hat es einen weniger negativen Beigeschmack, wenn man „nur" Kassierer(in) ist, im Casino arbeitet oder auf dem Markt. Es scheint weniger Druck und vor allem weniger Leistungsdruck zu geben, was sich positiv auf das Befinden auswirkt. Sehr gut gefallen hat mir z.B. auch die Verabschiedungsfloskel „calm aan / doe rustig aan" (Lass es langsam angehen), wie man sie vor allem in Drenthe öfter mal hört. Mehr Beweis für die Entspanntheit braucht man doch gar nicht, oder?

Unkompliziertheit, Zusammenhalt, Bescheidenheit und mehr persönliche Freiheit... diese Mischung wird wohl einen Großteil des entspannteren Lebensgefühls in den Niederlanden ausmachen!

Kitsch

Über Geschmack lässt sich bekanntlich streiten, aber was man hinter den großen Wohnzimmerfenstern in niederländischen Wohnungen so sieht, ist eine ganz neue Art von Kitsch, bei dem sogar unsere Gartenzwerge einpacken können. Wer zum größten euroäischen Gartencenter, Oosterik in Denekamp, fährt, kann sprechende Riesenweihnachtsmänner, merkwürdige Stahlkonstruktionen, die Figuren in Lebensgröße nachbilden sollen, oder unglaublich hässliche Vasen finden. Eine häufige Antwort auf meine erstaunten Fragen, was das denn bitte für ein komisches Gebilde sei: „Dat is kunst“ (=das ist Kunst). Ahja!

Vielleicht erklärt die Liebe zu Kitsch auch die Vielzahl an Dekoläden, die sich in Innenstädten des Nachbarlandes tümmeln und von Uhren zum selbst bekleben bis zu Fliesen mit tollen Sprüchen drauf alles verkaufen, was man nicht braucht, aber viele anscheinend trotzdem haben wollen.
Die berühmten „Klompen“ – Holzschuhe – dürfen teilweise auch zu der Kategorie „Kitsch“ gezählt werden, gerade, wenn sie an den Wänden aufgehängt zu bewundern sind (siehe auch Klompen). Auch macht sich in den letzten Jahren der Trend breit, dass Nachbarn bei der Dekoration voneinander abschauen und ein Fenster dem anderen gleicht, gerade in einheitlich aussehenden Wohngebieten mit den bekannten Reihenhäusern. Hier wird wieder einmal deutlich, wie ungern Niederländer herausstechen.

Ein Boerenbont-Service, wie auf dem Bild zu sehen, findet man in gutsortierten Haushalten. Als Hochzeitsgeschenk bei Fans sehr beliebt!

Multi-Kulti

Recht schnell fällt auf, dass es in den Niederlanden andere Einwanderungsgruppen gibt als bei uns. Gerade aus Indonesien, Suriname, Marokko, den niederländischen Antillen und diversen asiatischen Ländern kommen viele Einwanderer, was vor allem auf die Koloniezeit zurückgeht.

Allein die Surinamer Küche verbindet viele verschiedenste Einflüsse: karibische, afrikanische, asiatische, javanische, lateinamerikanische, libanesische und jüdische. Dementsprechend groß ist dann auch die kulinarische Vielfalt, die in die Niederlande eingezogen ist.

Das alles hat großen Einfluß auf die Auswahl an Produkten und vor allem auf die "niederländische Küche", die ansonsten eher aus Kartoffeln, Gemüse und Fisch oder Fleisch in allen Variationen, Eintöpfen und vielleicht noch Pfannkuchen, Waffeln und frittierten Spezialitäten besteht. Ernußsauce sei hier als exotisches, importiertes Beispiel genannt, die man auch im Kip Saté (Hühnchen mit Erdnußsauce) wiederfindet. Sambal wird in diversen Geschmacksrichtungen angeboten (oelek, badjak, asam, katjang und viele viele mehr) und ein Blick in die Gewürzauswahl in niederländischen Supermärkten lässt viele Ausländer verzweifeln (was ist denn bitte Cajun? Laos? Shoarma?). Bestellt man zusammen mit Niederländern beim Chinesen oder Indonesen, schauen diese einen verwundert an, wenn man gar nicht weiß, was sich hinter Babi pangang (Schweinefleisch süßsauer) oder Gadogado (Gemüsemix mit Erdnußsauce und Ei) verbirgt.

Knoblauch wird übrigens gerade in der niederländischen Küche kaum gebraucht und ich kenne diverse Niederländer, die keinen Knoblauch mögen.
Momentan ist das "wokken" ganz groß im Kommen – man geht mit der gesamten Familiensippschaft zum Wokrestaurant und schlägt sich nach Herzenslust den Bauch voll zum Flatratepreis.
Möchte man doch unbedingt ein typisch niederländisches Gericht essen, muss an dieser Stelle der „Stamppot“ (Stampftopf) erwähnt werden. Kartoffeln und Zwiebeln werden üblicherweise mit Endivien, Grünkohl oder Möhren (Hutspot) zusammengestampft und mit „Rookworst“ (Rauchwurst) oder Speck durchmischt.

Verniedlichung

Die Niederländer sind die Meister der Verniedlichungsform! Man merkt dies schnell daran, dass hinter unglaublich viele Worte ein „je“ oder „tje“ (oder eine der drei weiteren Endungen) gehängt wird. Komischerweise ist ein verniedlichtes Wort gar nicht immer niedlicher gemeint, sondern irgendwie hat diese Form (Diminutiv) im Laufe vieler Jahre Einzug in die niederländische Sprache gehalten, um eigene Meinungen und Stimmungen dadurch besser auszudrücken oder um Sätze etwas abzuschwächen. Beispiele („Schätzchen, gib mir doch mal schnellchen die Autoschlüsselchen“) und tolle Erklärungen hierzu z.B. auf dem Sprachlernblog sprachenlernen-24.de.

Wasser (und Regen)

Wer glaubt, er wohne in einer regenreichen Region, der soll erst mal in die Niederlande kommen. Da bekommt das Wort "Regen" eine ganz andere Bedeutung. Ich habe mal gelesen, dass es bei den Eskimos (Inuit, um politisch korrekt zu bleiben) 80 Bezeichnungen für Schnee gibt, je nach Konsistenz, Temperatur etc. Es wäre angebracht, sowas in den Niederlanden auch für Regen einzuführen. Jedenfalls kann ich jedem nur empfehlen, sich einen Regenanzug zu besorgen – die Regenschirme geben bei peitschendem Regen im Gegenwind auf dem Fahrrad meist nach wenigen Minuten den Geist auf. Oh, und auch wenn es morgens nach Sonne aussieht: Am besten nimmt man den Regenanzug zur Sicherheit einfach mit zur Uni, Arbeit etc., denn man wird nicht selten von einem späteren Regenschauer überrascht.

Wohnwagen

Es mag ein Vorurteil sein, aber oft steckt ja in Vorurteilen auch ein wahrer Kern, oder? Auf jeden Fall haben wirklich viele niederländische Familien einen Wohnwagen. Ob es nun ein bisschen der Geiz ist, im Urlaub nicht so viel ausgeben zu wollen, das Gefühl der Freiheit, oder einfach eine unerklärliche Liebe zu Campingplätzen – ich weiß es nicht. Wer das Rätsel löst, darf mich gerne kontaktieren. Auf einer der Lieblingsurlaubsziele der Niederländer – Ameland – trifft man dahingegen kaum Wohnwagenfahrer, sondern vor allem: Fieters. Und fast wie auf Mallorca hört man auf der schönen Insel eigentlich mehr Deutsch als die Sprache der Einheimischen.

Tja, was macht ihn nun also aus, „den Niederländer?“ Um es mit den Worten Königin Máximas zu sagen: „Die Niederlande sind zu vielseitig, um sie in ein Klischee zu pressen. Den Niederländer gibt es nicht.“
Vielleicht hat sie damit recht. Aber auch wenn es sich schwer beschreiben lässt, so spürt man nach einigen Jahren in den Niederlanden doch, was typisch Niederländisch ist. Am besten, ihr findet es selbst heraus und macht euch euer eigenes Bild!

Linkverzeichnis

Das Linkverzeichnis ist über die Verlagsseite zu finden:
http://interconnections-verlag.de/content/leben-den-niederlanden
bzw.
http://interconnections-verlag.de , > Suche "Niederlande" oder "Sachbuch".

Anhang

Was ist vor dem Umzug zu klären?

- Aufenthaltsrecht / Einreise / Visum?
- Steuern
- Familienbeihilfen [Kindergeld?]
- Krankenversicherung und Sozialversicherungen [Rentenversicherung, Arbeitslosenversicherung, Pflegeversicherung] – Ummelden? Kündigen? Adressänderung mitteilen?
- Ab- und Anmeldung bei den jeweiligen Meldebehörden [bis spät. 1 Woche nach Umzug in die Niederlande beim Einwohnermeldeamt dort anmelden; im Vorfeld: klären, welche Unterlagen benötigt werden]
- KFZ-Ummeldung [spät. sechs Monate nach Umzug in die Niederlande offiziell einführen], ggf. Leasingvertrag prüfen
- Kindergarten / Schule – Ab- und Anmeldung
- Mietverträge
- Arbeitsverträge / Studium Einschreibung
- Bankkonten
- Kabelanschluss, Internet, Rundfunkgebühren
- sonstige Kündigungen und Ummeldungen [Zeitschriften? Telefon? Handy?]
- Strom-, Wasser-, Gas
- Haustier: Hund u. Katze: i.d.R. problemlos, wenn Haustierpass mit üblichen Angaben vorliegt. Tollwut-Schutzimpfung muss mind. 30 Tage + max. 1 Jahr vor Umzug erfolgt sein, Pferde: Erkundigen beim Tierarzt
- Post, ev.-Nachsendeauftrag

Danksagung

Ein großes Dankeschön gilt meinem guten Freund Maarten, ohne den ich dieses Buch niemals hätte schreiben können, ein weiteres herzliches „bedankt“ an seine Familie, die vermutlich mehr über Deutschland gelernt hat, als ihnen lieb ist. Natürlich auch herzlichen Dank an alle Studenten, die mir einige Fragen zu ihrem Studium beantwortet haben. An meine beste "Fernbeziehungsfreundin“ Sabine, die mich auch im Ausland nicht vergessen hat und zusammen mit mir über "Stopcontact" und andere Kuriositäten in den Niederlanden lachen konnte. An Vikas, der mich immer wieder dazu ermutigt hat, weiterzuschreiben. An Andreas, der mich trotz allem darin bestärkt hat, meine Träume zu verwirklichen. An meine Eltern, die mir die Flut an BAföG Briefen weitergeleitet haben. An Chris mit dem coolen Nachnamen, der mir die zwei Jahre im Nachbarland mit so viel guter Musik verschönert hat. An Albert, Maria, Bob, Bianca, Gert-Jan und Aafke und die Jungs von der Band. An „Mama“ Lou und Tim, die viele Gewohnheiten erklärten und gemeinsam mit mir darüber geschmunzelt haben. An Sanne, Jeroen und das ganze Webteam. An Bram, Peer, Benedict, Tommy, Mirjam, Julia, Mark, Harmen und all die anderen wundervollen Menschen, die ich während meines Studiums kennenlernen durfte. An Heleen, die mich unter ihrem Dach (im wahrsten Sinne des Wortes) beherbergt hat. An Henk Meijer und das unglaublich tolle Drill-Instructor-Training in seinem Taekwondoclub. An das liebe Team von IQ Products, mit dem ich zusammengearbeitet habe. An meine Dozenten Michiel, Arne, Sven, Piet, Jurre, Ida, ... die nicht müde wurden (oder vielleicht doch, aber sie haben es sich nicht anmerken lassen), mir meine unzähligen Fragen zu beantworten. Und natürlich an meine Sprachkurslehrerin Anna – je bent echt tof!
